Les billets 紙幣

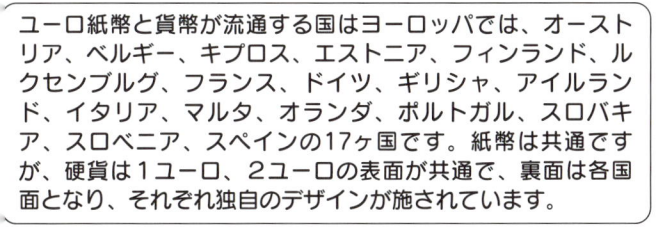

ユーロ紙幣と貨幣が流通する国はヨーロッパでは、オーストリア、ベルギー、キプロス、エストニア、フィンランド、ルクセンブルグ、フランス、ドイツ、ギリシャ、アイルランド、イタリア、マルタ、オランダ、ポルトガル、スロバキア、スロベニア、スペインの17ヶ国です。紙幣は共通ですが、硬貨は1ユーロ、2ユーロの表面が共通で、裏面は各国面となり、それぞれ独自のデザインが施されています。

Les pièces 硬貨　c は centime（サンチーム）、100 centimes = 1 euro.　Centime 硬貨は各国共通

2€硬貨 表　各国共通

2€硬貨 裏　フランス

1€硬貨 表　各国共通

1€硬貨 裏　フランス

50 c 　20 c 　10 c 　5 c 　2 c 　1 c

Un ticket de métro
地下鉄の切符

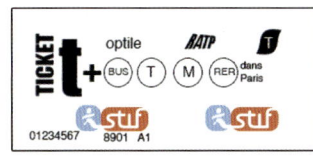

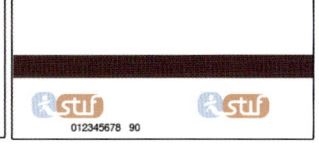

Les plaques de rue
ストリートネームプレート

5e Arrt
BOULEVARD SAINT-MICHEL

AVENUE des CHAMPS ÉLYSÉES

Rue du Paradis

Place Victor HUGO

En français !

Débutant

MIALOU Gérald
PERROUIN Frédéric
SHIMAZAKI Takanori

sobi-shuppansha

まえがき

Bienvenue à En Français !
この本は初めてフランス語を学ぶ方、初めから学び直そうとする方が、実際の場面ですぐに使える知識や能力を、話す・書くの両面から順序だてて持続的に学習できるように作られています。

この *En Français !* は2巻からなり、各巻の構成は以下の通りです。
・序章となる0課では、本書で学習するために必要となる発音や語彙に関する基本的な知識を学びます。ここで学習者はフランス語の文字や数、音のしくみに触れることが出来ます。
・4ページからなる8つの課（第1部1～4課、第2部6～9課）は、会話・語彙・文法・表現や聞き取りと筆記による練習問題で構成されています。
・2ページからなる復習の課（5課と10課）は2つの新しい会話を使って、筆記や口頭表現の練習をします。
・それぞれの部の終わりにある2つの auto-évaluation は、各々が学習を進める際に、これまでに学んだ語彙や文法を自分で確認するためのものです。
・4ページからなる巻末の auto-évaluation は、本書で学んだ知識や身につけた能力を確かめるための、多様な練習が用意されています。
・巻末には録音されている会話の全文、auto-évaluation の解答、語彙索引が収録されています。

この *En Français !* 第1巻 (Débutant) は、初めて学ぶ人のために**人やものを紹介すること**を中心に展開していきます。第1部では『自己紹介』を中心として、**相手との間で交わされるやり取りを通じ自分と対話者に関する**ことを表現できることを目指し、とくに **« je » と « vous » の使い方**に習熟します。第2巻ではそれを拡張して、**第3者やものを表現すること**を学びます。

各課は初めにまず録音で登場人物の紹介があり、趣味や仕事、学業や家族構成、身体的特徴などを知りながら必要な語彙を覚えていきます。
本文の文法事項は、各課の2ページ目で説明され、さらに3ページ目の練習問題で確認しながら語彙の定着を目指します。
続いて登場人物たちの会話を通じ、文法や語彙の知識をより確実なものとするとともに、聞き取りの能力を高めます。
4ページ目には表現練習と聞き取り練習が用意され、最後にディクテ（書き取り）を行います。
また、学習者が学んだことをしっかりと自分のものにしてさまざまな状況で使えるように、各課では先行の課で学んだことがくり返し登場します。

本書には付属のCDと録音部分のスクリプトが付いているので、学習者は授業の準備が容易になるとともに、教室で学んだことを確認し、復習するのにも役立ちます。

本書を使って多くの人が教室で、あるいは自分でフランス語を楽しく学んでいただけることが著者たちの願いです。

MIALOU Gérald　　　　　PERROUIN Frédéric　　　　SHIMAZAKI Takanori
ミアルー・ジェラルド　　　ペルワン・フレデリック　　　島崎貴則

Unité 1 - Se présenter

Leçon 0 - Introduction - Bonjour, je m'appelle ...

Prononciation .... p. 02-04
Alphabet .... p. 03
Chiffres .... p. 05

Leçon 1 - Vous êtes français ?

Grammaire - 主語人称代名詞 / être の活用 .... p. 06
動詞の主語 / 不規則動詞 être / 形容詞の男性形と女性形 .... p. 07

Vocabulaire - 国籍（1）と職業（1）.. p. 08

Leçon 2 - Où est-ce que vous habitez ?

Grammaire - -er で終わる規則動詞（第一群規則動詞）... p. 10
-er 動詞 habiter / -er 動詞 étudier / 限定詞 - 冠詞（その1）定冠詞 le, la, les .... p. 11

Vocabulaire - 専門と言語 .... p. 12

Leçon 3 - Qu'est-ce que vous aimez ?

Grammaire - 動詞 parler、travailler、aimer の活用 .... p. 14
否定 ne ... pas / -er 動詞 aimer、adorer、détester / 場所の状況補語 .... p. 15

Vocabulaire - 国名と国籍（2）.. p. 16

Leçon 4 - Vous avez une moto ?

Grammaire - 不規則動詞 avoir の活用 .... p. 18
属詞 attribut と直接目的補語 C.O.D / 限定詞 - 冠詞（その2）不定冠詞 un、une、des / 形容詞の複数形 .. p. 19

Vocabulaire - J'aime ... / J'ai ... / 副詞 / 形容詞 .... p. 20

Leçon 5 - Se présenter

Dialogues .... p. 22

Auto-évaluation 1 .... p. 24

Unité 2 - Parler des autres

Leçon 6 - Qui est-ce ?

Grammaire -	s'appeler の活用と人称代名詞強勢形	p. 26
	avoir の使い方 / être の使い方 / 限定詞 - 指示形容詞 / 所有形容詞 (その1)	p. 27
Vocabulaire -	家族 (1) / 人々 / 人間関係	p. 28

Leçon 7 - Qu'est-ce qu'ils font dans la vie ?

Grammaire -	faire の活用	p. 30
	所有表現 / 限定詞 - 所有形容詞 (その1) / 前置詞	p. 31
Vocabulaire -	家族 (2) / 場所 / 職業 (2) / 前置詞	p. 32

Leçon 8 - Il est comment ?

Grammaire -	porter の活用 / 疑問形容詞 quel	p. 34
	名詞のまとめ / 形容詞のまとめ	p. 35
Vocabulaire -	色 (1) / 表現 / 外見 / その他	p. 36

Leçon 9 - Qu'est-ce que c'est ?

Grammaire -	regarder、écouter の活用	p. 38
	Il y a / C'est / 形容詞のまとめ	p. 39
Vocabulaire -	教室で / 持ち物 / 色 (2)	p. 40

Leçon 10 - Parler des autres

Dialogues .... p. 42

Auto-évaluation 2 .... p. 44

Auto-évaluation finale .... p. 46

Transcriptions .... p. 50
Corrigés .... p. 55
Glossaire .... p. 57

イラスト　RANDÉ Laura

本書にはCDが付属しています。録音箇所にCDマーク をつけました。
数字は頭出し番号です。ナレーションは以下の方々です。
GARDONIO Benoît　　　LELONG Stéphane　　　MARTIN Katy
MIALOU Frédérique　　MIALOU Gérald　　　　PERROUIN Frédéric
RANDÉ Laura

En français !
Débutant

Leçon 0 - Introduction
Bonjour, je m'appelle...

■ Vocabulaire

- Bonjour
  おはよう / こんにちは
- Bonsoir
  こんばんは
- Mademoiselle / Madame / Monsieur ...
  ... さん / ... 様 (人に呼びかけるとき)
- Je m'appelle ...
  私の名前は ... です。
- Mon nom
  私の名字
- Mon prénom
  私の名前
- Et vous ?
  あなたは?
- Moi, c'est ... / Moi, je ...
  私は ...
- Merci
  ありがとう
- Au revoir
  さようなら
- À la semaine prochaine
  また来週
- À bientôt
  では、また
- ....

■ Prononciation

- « ai » [ɛ]   semaine
- « en » [ɑ̃]   comment
- « au » [o]   au revoir
- « oi » [wa]   moi, ...
- « ou » [u]   bonjour
- « on » [ɔ̃]   bonsoir

1 紹介を聞きましょう。 02

Bonjour.
Je m'appelle Maurice Boudu.
Mon nom, c'est Boudu.
Mon prénom, c'est Maurice.
Et vous ?

Moi, c'est Rebecca Bouvier.

Bonjour.
Je m'appelle Yuki Saito.

Moi, je m'appelle Takeshi Fuji.

03
Takeshi Fuji ?
Comment est-ce que ça s'écrit ?

Ça s'écrit T-A-K-E-S-H-I F-U-J-I.

Écoutez

2 アルファベを聞きましょう。 🎧05

A a	B b	C c	D d	E e	F f	G g	H h	I i	J j	K k	L l	M m
A a	*B b*	*C c*	*D d*	*E e*	*F f*	*G g*	*H h*	*I i*	*J j*	*K k*	*L l*	*M m*
[a]	[be]	[se]	[de]	[ə]	[ɛf]	[ʒe]	[aʃ]	[i]	[ʒi]	[ka]	[ɛl]	[ɛm]

N n	O o	P p	Q q	R r	S s	T t	U u	V v	W w	X x	Y y	Z z
N n	*O o*	*P p*	*Q q*	*R r*	*S s*	*T t*	*U u*	*V v*	*W w*	*X x*	*Y y*	*Z z*
[ɛn]	[o]	[pe]	[ky]	[ɛːr]	[ɛs]	[te]	[y]	[ve]	[dubləve]	[iks]	[igrɛk]	[zɛd]

3 練習

1. 次の略号を聞きましょう。 🎧06

USA	JR	BMW	SOS
SNCF	RATP	RER	IBM
TGV	NHK	DVD	XXL

2. 略号を聞いて、書きましょう。 🎧07

| 1. | 2. | 3. | 4. | 5. |
| 6. | 7. | 8. | 9. | 10. |

3. 次の単語の綴りを言いましょう。

1. Bonjour　　2. Monsieur　　3. Merci　　4. Madame　　5. Bonsoir
6. Semaine　　7. Prénom　　8. Comment　　9. Mademoiselle　　10. Nom

4. 自分の名字と名前を書いて、綴りを言いましょう。

Leçon 0 | 03
trois

LEÇON 0

Prononcez

次の3つの記号で示される発音の規則に注意しましょう。

Élision ⓔ'
エリジョン

Je me appelle... Ce est...
→ Je m'appelle... C'est...

- 母音字あるいは無音のhの前で、ce, de, je, le, la, me, ne, que, se, si, te はそれぞれ c', d', j', l', l', m', n', qu', s', t' となります。（si は次が il(s) のときだけ）

Liaison Ⓛ
リエゾン

Comment allez-vous ?
[kɔmãtalevu]

- 発音されない語末の子音字は、次の語が母音で始まるとき発音されます。

Enchaînement Ⓔ
アンシェヌマン

Encore une fois
[ãkɔrynfwa]

- 発音される語末の子音字は、次の語の最初の母音と続けて読まれます。

※「母音で始まる語」には、母音字で始まる語と無音のhで始まる語があります。hはいつも発音されませんが、リエゾンやアンシェヌマンをしないものを「有音」といいます。

Ⓠ のついた文は会話でよく使われる役立つ質問です。

4 便利な表現（その1） 💿08

■ Écoutez　　　　　　　　聞いて...
　Répétez　　　　　　　　繰り返して...
　Regardez le tableau　　　黒板を見て...　　｝ s'il vous plaît.
　Regardez page ....　　　...ページを見て...　　　...下さい。
　Très bien　　　　　　　よく出来ました
　Encore une fois　　　　　もう一回

5 便利な表現（その2） 💿09

■ Excusez-moi, Monsieur.　　　　　　すみません（男性に）。
　Pardon, Madame.　　　　　　　　すみません（既婚の女性に）。
　S'il vous plaît, Mademoiselle.　　　　すみません（未婚の女性に）。
　Je ne comprends pas.　　　　　　分かりません。
　Je ne sais pas.　　　　　　　　　知りません。
　J'ai une question.　　　　　　　　質問があります。

■ Prononciation 💿11

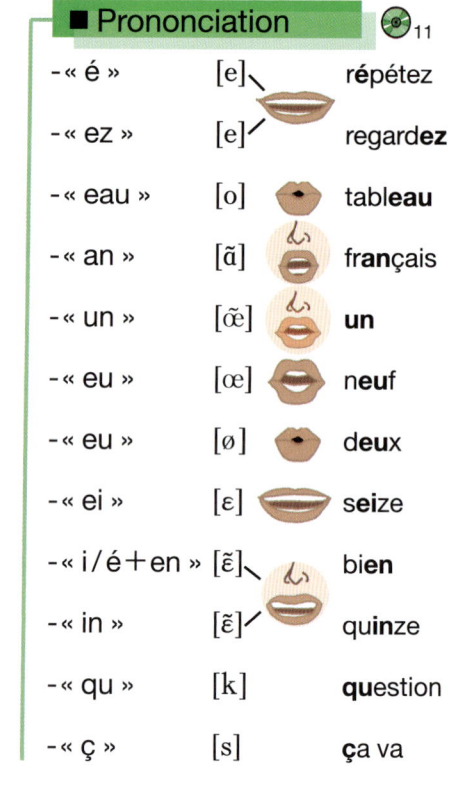

-« é »	[e]	r**é**pétez
-« ez »	[e]	regard**ez**
-« eau »	[o]	tabl**eau**
-« an »	[ã]	fr**an**çais
-« un »	[œ̃]	**un**
-« eu »	[œ]	n**eu**f
-« eu »	[ø]	d**eu**x
-« ei »	[ɛ]	s**ei**ze
-« i/é+en »	[ɛ̃]	b**ien**
-« in »	[ɛ̃]	qu**in**ze
-« qu »	[k]	**qu**estion
-« ç »	[s]	**ç**a va

6 質問 / 答え 💿10

■ Comment dit-on «........» en français ?　→　On dit «........».
　フランス語で「...」は何と言いますか。　　　　「...」と言います。

　Qu'est-ce que ça veut dire «........» ?　→　Ça veut dire «........».
　フランス語で「...」は何という意味ですか。　　「...」という意味です。

Ⓠ Ça va ?　→　Oui, ça va. / Non, ça ne va pas.
　大丈夫ですか / 元気？　　　大丈夫です / いいえ、大丈夫ではありません。

　Comment allez-vous ?　→　Je vais bien / J'ai sommeil.
　お元気ですか。　　　　　　元気ですよ / 眠いです。

Comptez

7 0から29まで

数詞を聞きましょう。 🎧12

0	1	2	3	4	5	6	7	8	9
zéro	un/une	deux	trois	quatre	cinq	six	sept	huit	neuf
[zero]	[œ̃]/[yn]	[dø]	[trwɑ]	[katr]	[sɛ̃:k]	[sis]	[sɛt]	[ɥit]	[nœf]

10	11	12	13	14	15	16	17	18	19
dix	onze	douze	treize	quatorze	quinze	seize	dix-sept	dix-huit	dix-neuf
[dis]	[ɔ̃:z]	[du:z]	[trɛ:z]	[katɔrz]	[kɛ̃:z]	[sɛ:z]	[disɛt]	[dizɥit]	[diznœf]

20	21	22	23	24
vingt	vingt et un	vingt-deux	vingt-trois	vingt-quatre
[vɛ̃]	[vɛ̃teœ̃]	[vɛ̃tdø]	[vɛ̃ttrwɑ]	[vɛ̃tkatr]

25	26	27	28	29
vingt-cinq	vingt-six	vingt-sept	vingt-huit	vingt-neuf
[vɛ̃tsɛ̃k]	[vɛ̃tsis]	[vɛ̃tsɛt]	[vɛ̃tɥit]	[vɛ̃tnœf]

8 練習

1. 数詞を聞いて、書きましょう。 🎧13

a.　　　b.　　　c.　　　d.　　　e.

f.　　　g.　　　h.　　　i.　　　j.

2. 次の単語を読みましょう。

1. enchanté　　2. le coréen　　3. un étudiant　　4. un bureau　　5. l'histoire

6. l'anglais　　7. une voiture　　8. beaucoup　　9. le japonais　　10. chinois

Lecon 0 | 05
cinq

LEÇON 1

Unité 1 - Se présenter
Leçon 1 – Vous êtes français ?

■ Prononciation 🔘16

- « é » [e] étudiant
- « e » [ɛ] 2つの子音字の前
- « ê » [ɛ] êtes
- Je suis étudiant(e) [zə] Ⓛ

■ Vocabulaire

- français / française   フランス人
- japonais / japonaise   日本人
- chinois / chinoise   中国人
- enchanté(e)   初めまして
- étudiant / étudiante   学生

Présentations

次の自己紹介を聞きましょう。 🔘14

Bonjour.
Je m'appelle Laurent Desbois.
Je suis français.
Je suis étudiant.
Enchanté.

🔘15
Bonjour.
Je m'appelle Yuki Saito.
Je suis japonaise.
Je suis étudiante.
Enchantée.

Grammaire

1 人称代名詞と être の活用 🔘17

主語人称代名詞		
単数	私 あなた/ 君 彼 彼女	**je** tu il elle
複数	私達 あなた/ あなたたち 彼ら 彼女ら	nous **vous** ils elles

だ / です / である être		
単数	Ⓔ	**je suis** tu es il est elle est
複数	Ⓛ	nous sommes **vous êtes** ils sont elles sont

■ 主語 + 動詞の活用

■ 主語 + être の活用 + 形容詞 / 名詞
→ Je **suis** français.   私はフランス人です。
→ Vous **êtes** japonais ?   あなたは日本人ですか。

UNITÉ 1

■ 動詞の主語

動詞の主語は多くの場合文頭に置かれ、動詞は主語にあわせて活用します。
主語になるのはふつうは名詞か代名詞です。
tu は家族や親しい間がらの相手に使います。それ以外の場合は vous を使います。

Je suis français. / Vous êtes chinois ?　　私はフランス人です。あなたは中国人ですか。

■ 不規則動詞 être

動詞 être の後ろにはたいてい名詞か形容詞が置かれ、主語が何であるか、どのようであるかを説明します。
形容詞は主語の性・数にあわせて変化させます。

Je m'appelle Laurent. Je suis français.　　私はロランです。フランス人です。　　Je = Laurent = français
Je m'appelle Yuki. Je suis japonaise.　　私はユキです。日本人です。　　Je = Yuki = japonaise

2 形容詞の男性形 (masculin) と女性形 (féminin) 🎧18

■ 形容詞は名詞につくか、êtreを使った文の述語になって、名詞や代名詞の説明をします。そのとき形容詞は名詞や代名詞と性・数を一致させます。

身分や職業を表す名詞は、être の後に無冠詞で置かれ、形容詞のように使われます。

■ 形容詞を女性形にするには男性形の語尾に **-e** をつけます。
ただし男性形が **-e** で終わっているときは女性形も同形です。
男性形が **-en**で終わる形容詞の女性形は **-enne** となります。

形容詞・名詞	男性形	女性形
フランス人 日本人 中国人 初めまして	français japonais chinois enchanté	français**e** ♪ japonais**e** ♪ chinois**e** ♪ enchant**ée**
学生 (名詞)	étudiant	étudiant**e** ♪
例外		
カナダ人 韓国人	canadi**en** cor**éen**	canadi**enne** ♪ cor**éenne** ♪
公務員 (名詞) 教師 (名詞)	fonctionnaire professeur	fonctionnaire professeur

♪ のついた箇所が男性形と違う音であることに注意。

Dialogue

教科書を閉じて、次の対話を聞きましょう。🎧19

Laurent :　Bonjour, Mademoiselle.
　　　　　　Je m'appelle Laurent Desbois.
　　　　　　Et vous ?
Yuki :　　Bonjour. Moi, c'est Yuki Saito.
Laurent :　Vous êtes chinoise ?
Yuki :　　Non, je suis japonaise.
　　　　　　Et vous, vous êtes français ?
Laurent :　Oui, je suis français. Enchanté.
Yuki :　　Enchantée.

Leçon 1
sept

LEÇON 1

Applications et exercices

■ Vocabulaire 🎧 20

Les nationalités 国籍 (1)

- américain(e) アメリカ人
- canadien(ne) カナダ人
- chinois(e) 中国人
- coréen(ne) 韓国人
- français(e) フランス人
- japonais(e) 日本人
- ....
- ....

Les professions 職業 (1)
Le travail 仕事

- employé(e)　　～員
  - ～ de bureau　会社員
  - ～ de banque　銀行員
- étudiant(e)　　学生
- femme au foyer　専業主婦
- fonctionnaire　　公務員
- professeur　　教師
- retraité(e)　　退職者
- ....
- ....

■ Prononciation

- « ain » [ɛ̃]　　amér**ain**

  注意：　femme [fam]

■ Exercice 1

次の形容詞・名詞の中から女性形を選んで○で囲みましょう。

employée - fonctionnaire - étudiant - chinoise - enchanté
retraité - américain - française - coréenne - japonais - professeur

■ Exercice 2

必要に応じて形容詞・名詞を女性形にしましょう。

1. Monsieur, vous êtes français.... ?
2. Mademoiselle, vous êtes étudiant.... ?
3. Madame, vous êtes chinois.... ?
4. Madame, vous êtes employé.... de bureau ?
5. Monsieur, vous êtes retraité.... ?
6. Mademoiselle, vous êtes fonctionnaire.... ?

■ Exercice 3 🎧 21

4人がどう自己紹介をしているか書き、CDを聞いて確認しましょう。

1. François　退職者 (🇨🇦)
2. Claire　公務員 (🇺🇸)
3. Maude　専業主婦 (🇫🇷)
4. Takeshi　学生 (🇯🇵)

....
....
....
....
....
....

UNITÉ 1

Parlez

グループになって次の会話練習をしましょう。
話し相手に応じて必要な形に変えるべき語もあります。

■ Application 1

– Bonjour, monsieur.
　Je m'appelle **[自分の名前]**, et vous ?
– Bonjour. Moi, c'est **[自分の名前]**.
– Comment est-ce que ça s'écrit ?
– Ça s'écrit **[綴り]**. Enchanté.
– Enchanté.

■ Application 2

– Vous êtes **chinoise**, mademoiselle ?
– Non, je suis **japonaise**.

1. 韓国人 / 中国人
2. カナダ人 / アメリカ人
3. 専業主婦 / 銀行員
4. 公務員 / 退職者
5. 学生 / 教師

■ Application 3

– Je suis **français**, et vous ?
– Moi, je suis **américain**.

1. 会社員 / 退職者
2. カナダ人 / フランス人
3. 学生 / 学生
4. [自分の国籍・職業]

- 名前を言う
Je m'appelle ... / Moi, c'est ... + 名前

- 職業と国籍を聞く・言う
Je suis ... / Vous êtes ... + 職業・国籍の形容詞

- 相手に聞き返す
Et vous ? → Moi, je ...
　　　　　　Moi aussi, je ...

Écoutez

■ Écoute 1　録音を聞いて、男性形 m. か女性形 f. かを判断して正しいほうを○で囲みましょう。　22

1. m. / f.　　2. m. / f.　　3. m. / f.　　4. m. / f.　　5. m. / f.

■ Écoute 2　録音を聞いて、[ɛ̃] と [ɛn] のどちらが聞こえたかを判断しましょう。　23

1. [ɛ̃] / [ɛn]　　2. [ɛ̃] / [ɛn]　　3. [ɛ̃] / [ɛn]　　4. [ɛ̃] / [ɛn]　　5. [ɛ̃] / [ɛn]

■ Dictée　録音を聞いて、書き取りましょう。　24

a.
b.
c.
d.

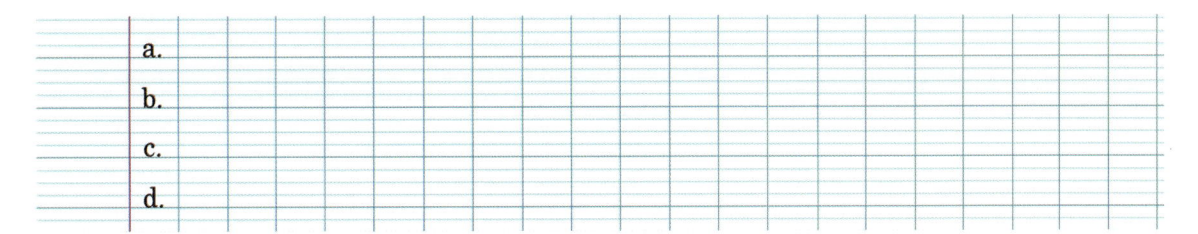

LEÇON 2

Unité 1 - Se présenter
Leçon 2 – Où est-ce que vous habitez ?

■ Vocabulaire

- mais　　　　　しかし / でも
- la littérature　　文学
- et　　　　　　　そして / と
- la mode　　　　ファッション
- le français　　　フランス語

■ Prononciation

注意：語末の **-e** は発音されません。
ただし，je, de, le などは [ʒə] [də] [lə]
と発音します。

Présentations

次の自己紹介を聞きましょう。 🔊25

Bonjour.
Je m'appelle Laurent Desbois.
Je suis français.
J'habite à Paris mais je suis de Lyon.
J'étudie la littérature.
Enchanté.

🔊26
Bonjour.
Je m'appelle Yuki Saito.
Je suis japonaise et je suis de Tokyo.
J'étudie la mode et le français à Paris.
Enchantée.

Grammaire

1 -erで終わる規則動詞（第1群規則動詞）の活用

このグループの動詞の不定形は -er で終わり，主語に応じて次のように活用します。 🔊27

主語人称代名詞	動詞の語尾
je	**-e**
tu	-es
il	-e
elle	-e
nous	-ons
vous	**-ez**
ils	-ent
elles	-ent

単数：je, tu, il, elle
複数：nous, vous, ils, elles

♪ 動詞の語尾 **e / es / e / ent** は発音しません。

勉強する étudier

(E')	j' étudi	e
	tu étudi	es
(E)	il étudi	e
	elle étudi	e
	nous étudi	ons
(L)	vous étudi	ez
	ils étudi	ent
	elles étudi	ent

■ étudier + 定冠詞 + 言語 / 専門
→ J'étudie le français.
　私はフランス語を勉強しています。

住む habiter

(E')	j'	habite
	tu	habites
(E)	il	habite
	elle	habite
	nous	habitons
(L)	vous	habitez
	ils	habitent
	elles	habitent

■ habiter + **à** + 都市 / 県
→ J'habite à Yokohama.
　私は横浜に住んでいます。
→ J'habite à Kanagawa.
　私は神奈川県に住んでいます。

10　Leçon 2
dix

UNITÉ 1

■ -er 動詞 habiter：habiter「住む」は、〈前置詞 à + 住んでいる場所〉をつけて使うことが多い動詞です。

J'habite à Paris. 私はパリに住んでいます。
Vous habitez à Saitama ? あなたは埼玉に住んでいますか。

Q Où est-ce que vous habitez ? どこに住んでいますか。
→ *J'habite à Paris. Et vous, vous habitez à Tokyo ?* 私はパリに住んでいます。あなたは東京に住んでいますか。

注意：出身地を表すときも être が使えます。その場合前置詞 de + 都市名・県名をつけます：**de + 都市 / 県**
Je suis de Paris. Vous êtes de Tokyo ? 私はパリの出身です。あなたは東京の出身ですか。

■ -er 動詞 étudier：この動詞は、学んでいる言語や専門分野を目的語にして使えます。

J'étudie la littérature. 私は文学を勉強しています。
Vous étudiez le français ? あなたはフランス語を勉強していますか。

Q Qu'est-ce que vous étudiez ? 何を勉強していますか。
→ *J'étudie la littérature. J'étudie aussi la cuisine.* 私は文学を勉強しています。料理も勉強しています。
Où est-ce que vous étudiez ? どこで勉強していますか。
→ *J'étudie à Paris. Vous aussi, vous étudiez à Paris ?* 私はパリで勉強しています。あなたもパリで勉強していますか。

2 限定詞 − 冠詞（その1）定冠詞 le、la、l'、les

定冠詞は、抽象名詞や1つしかないものなどにつきます。言語名や専門分野、国名などにつくのがその例です。ただし「〜語を話す」という表現では、多くの場合、動詞 parler の目的語になる言語名の冠詞は省略します。

定冠詞	単　数	複　数
男性形	le / l'	les
女性形	la / l'	

J'aime la musique. 私は音楽が好きです。
Je parle (l') anglais. 英語が話せます。
Vous étudiez le japonais ? 日本語を勉強していますか。

Dialogue

教科書を閉じて、次の対話を聞きましょう。 🔊 28

Laurent : Où est-ce que vous habitez, Yuki ? À Paris ?

Yuki : Oui, j'habite à Paris mais je suis de Tokyo.
Et vous, vous êtes de Paris ?

Laurent : Non, je suis de Lyon mais j'étudie la littérature à Paris.
Et vous aussi, vous êtes étudiante ?

Yuki : Oui, moi aussi, je suis étudiante.
J'étudie la mode et le français.

Leçon 2

LEÇON 2

Applications et exercices

■ Vocabulaire

Les spécialités 専門
- l'art　　　　芸術
- la cuisine　　料理
- l'histoire　　歴史
- les langues　言語
- la littérature 文学
- la mode　　ファッション
- ....
- ....

Les langues 言語
- l'allemand　ドイツ語
- l'anglais　　英語
- le chinois　中国語
- le coréen　韓国語
- l'espagnol　スペイン語
- le français　フランス語
- l'italien　　イタリア語
- le japonais　日本語
- ....
- ....

Divers その他
- et　　　そして / と
- mais　　しかし

■ Exercice 1

je / j' / vous のうちで適切なものを入れて読みましょう。

1. .... étudiez　　2. .... habite　　3. .... suis
4. .... étudie　　5. .... êtes　　6. .... habitez

■ Exercice 2

正しい順序に並べ替えて文を作りましょう。

1. habite / français / à / et / suis / j' / Lyon / Je

2. étudie / j' / japonaise / le / suis / coréen / Je / et

3. Kyoto / mais / J' / de / Tokyo / je / à / suis / habite

4. Paris / suis / le / J' / mais / Tokyo / de / japonais / étudie / je / à

5. mode / étudiez / à / la / Vous / art / et / l' / Paris

■ Exercice 3

例にならって、与えられた語を使って文を作りましょう。

例：アメリカ人・フランス語・パリ　　Je suis américain et j'étudie le français à Paris.

1. 日本人・東京・神奈川　　→
2. フランス人・料理・リヨン　→
3. 文学・パリ・スペイン人　→
4. パリ・日本語・東京　　→

12　Leçon 2
douze

Parlez

グループになって次の会話練習をしましょう。

■ Application 1

右にあげたいろいろな都市名を使ってみましょう。

– J'habite à **Paris**.
  Et vous, où est-ce que vous habitez ?
– Moi, j'habite à **Tokyo**.
– Vous êtes de **Tokyo** ?
– Non, je suis d'**Osaka**.

■ Application 2

– J'étudie **l'art à Paris**, et vous ?
– Moi, j'étudie **le japonais à Tokyo**.

1. 料理・パリ / フランス語・リヨン
2. 芸術・ボルドー / 文学・マルセイユ
3. 歴史・北京 / 英語・ロンドン
4. 言語・ニューヨーク / 芸術・ボルドー
5. [自分のこと]

■ Vocabulaire 30

- Barcelone　バルセロナ
- Bordeaux　ボルドー
- Londres　ロンドン
- Lyon　リヨン
- Marseille　マルセイユ
- New York　ニューヨーク
- Paris　パリ
- Pékin　北京
- Rome　ローマ
- ....

● 住んでいる都市 / 出身地を言い表す
J'habite à … / Je suis de … + 都市 / 県
Vous habitez à … / Vous êtes de … + 都市 / 県

● 専門を言い表す
J'étudie … / Vous étudiez … + 専門

● 相手に聞き返す
Et vous ? → Moi, je …
　　　　　　Moi aussi, je …

● … et / mais …

Écoutez

■ Écoute 1
録音を聞いて、内容があっていれば V (vrai)、違っていれば F (faux) を選びましょう。 31

1. Je suis français.　　V / F
2. Je suis japonaise.　V / F
3. J'étudie l'italien.　V / F
4. J'habite à Paris.　　V / F
5. J'habite à Tokyo.　　V / F
6. J'étudie l'allemand. V / F

■ Écoute 2
文中で je, le, la がエリジョンされていたかどうか聞きましょう。 32

1. je / j'　　2. je / j'　　3. je / j'　　4. le / l'　　5. le / la / l'

■ Dictée
録音を聞いて、書き取りましょう。 33

a.
b.
c.
d.

Leçon 2

LEÇON 3

Unité 1 - Se présenter
Leçon 3 – Qu'est-ce que vous aimez ?

■ Vocabulaire

- habiter en + 国名(女)
  国名(女)に住む
- habiter au + 国名(男)
  国名(男)に住む
- habiter à + 都市
  都市に住む
- parisien　パリッ子
- le Japon　日本
- maintenant　今 / 現在
- un peu　少し / ちょっと

■ Prononciation

- « th » [t]　**Th**omas
  　　　　　[tɔma]
- « ail/aille » [aj]　je trav**aille**
  　　　　　　　　　[travaj]

Présentations

次の自己紹介を聞きましょう。 🔊34

Je m'appelle Thomas.
Je suis parisien et j'habite à Paris.
Je travaille. Je suis employé de banque.
J'aime le Japon mais je ne parle pas japonais.
Enchanté.

🔊35

Moi, c'est Yuki.
J'habite au Japon,
mais maintenant, j'étudie la mode à Paris.
J'aime Paris et la France.
Je parle japonais et un peu français.

Moi, j'aime la littérature.

Grammaire

1 動詞 parler、travailler、aimer の活用 🔊36

話す　parler		働く　travailler		好む　aimer	
je	parle	je	travaille	j'	aime
tu	parles	tu	travailles	tu	aimes
il	parle	il	travaille	il	aime
elle	parle	elle	travaille	elle	aime
nous	parlons	nous	travaillons	nous	aimons
vous	parlez	vous	travaillez	vous	aimez
ils	parlent	ils	travaillent	ils	aiment
elles	parlent	elles	travaillent	elles	aiment

■ parler + (le) + 言語
　→ Je parle (le) français.
　　私はフランス語が話せます。

■ travailler + 場所の状況補語
　→ Je travaille à Paris.
　　私はパリで働いています。

■ aimer + 定冠詞 + 名詞
　→ J'aime la France.
　　私はフランスが好きです。

2 否定 ne...pas

否定文を作るには、動詞を ne と pas ではさみます。動詞が母音字か無音の h で始まるときは ne がエリジョンされます。

Je ne travaille pas à Paris. 　　　　　私はパリで働いていません。
Vous n'habitez pas en France ? 　　あなたはフランスに住んでいないのですか。

3 -er 動詞 aimer、adorer、détester

好き嫌いを表す動詞 aimer、adorer、détester などの目的語となる名詞には、ふつうは定冠詞がつきます。

J'aime le français mais je n'aime pas la mode. 　私はフランス語が好きですが、ファッションは好きではありません。

Ⓠ
Qu'est-ce que vous aimez ? 　　　　あなたは何が好きですか。
→ *J'adore la littérature. J'aime aussi la mode.* 　私は文学が大好きです。ファッションも好きです。
Mais je déteste le sport. 　　　　　しかし、スポーツは嫌いです。

4 場所の状況補語

場所を示すためには、都市名、国名、県名などに前置詞をつけます。

habiter étudier travailler } +	à	[都市名・県名]	
	en	[女性単数の国名]	
	au	[男性単数の国名]	
	aux	[複数形の国名]	
être	+ de	[都市名・県名]	

Je travaille à Paris. 　　　　　　私はパリで働いています。
J'habite en France. 　　　　　　私はフランスに住んでいます。
Vous étudiez au Japon ? 　　　あなたは日本で勉強しているのですか。
Vous étudiez aux États-Unis ? 　あなたはアメリカで勉強していますか。
Je suis de Tokyo. 　　　　　　　私は東京出身です。

Dialogue

教科書を閉じて、次の対話を聞きましょう。 🎧 37

Thomas : Bonjour, Mademoiselle. Je m'appelle Thomas. Et vous ?
Yuki : Moi, c'est Yuki. Enchantée.
Thomas : Vous êtes chinoise ?
Yuki : Non, je ne suis pas chinoise ! Je suis japonaise mais j'étudie à Paris. Et vous, vous êtes étudiant aussi ?
Thomas : Non, je travaille. Je suis employé de banque. Qu'est-ce que vous étudiez ?
Yuki : J'étudie la mode et le français.
Thomas : Vous parlez bien français. Moi, je ne parle pas japonais mais j'aime le Japon.

Leçon 3 ｜ 15
quinze

LEÇON 3

Applications et exercices

■ Vocabulaire

Les pays 国名

- l'Allemagne　ドイツ
- l'Angleterre　イギリス
- la Belgique　ベルギー
- le Canada　カナダ
- la Chine　中国
- la Corée　韓国
- l'Espagne　スペイン
- les États-Unis　アメリカ合衆国
- la France　フランス
- l'Italie　イタリア
- le Japon　日本
- la Suisse　スイス

Les nationalités 国籍 (2)

- allemand(e)　ドイツ人
- anglais(e)　イギリス人
- belge　ベルギー人
- espagnol(e)　スペイン人
- italien(ne)　イタリア人
- suisse　スイス人

Divers その他

- bien　よく
- maintenant　今
- un peu　少し
- parisien(ne)　パリっ子

■ Exercice 1

質問に否定形で答えましょう。

1. Vous êtes français(e) ?
2. Vous étudiez la mode ?
3. Vous habitez en France ?
4. Vous êtes de Tokyo ?
5. Vous parlez (le) chinois ?
6. Vous aimez la littérature ?

■ Exercice 2

以下の文中にある間違いを直しましょう。（　）の中の数字は各文に含まれる間違いの数です。

1. Vous êtez de Paris ? (1)
2. Madame, vous parlez française ? (1)
3. J'habite en Canada mais je n'suis pas canadienne. (2)
4. Je suis francais mais j'habite en France. (2)
5. J'habite au Paris mais je ne parler pas français. (2)
6. Vous etes française mais vous n'habitez a France pas. (3)

■ Exercice 3

le / la / l' / les / à / en / au / aux の中から適当なものを選んで入れましょう。

1. Je suis de Nantes, ... France.
2. J'étudie .... français et .... littérature .... Paris.
3. J'habite .... Japon et j'étudie .... japonais.
4. J'habite .... États-Unis. Vous aimez .... États-Unis ?
5. J'étudie .... art et .... italien .... Italie.
6. J'habite .... Espagne mais je ne parle pas bien .... espagnol.

Parlez

グループになって次の会話練習をしましょう。

■ **Application 1**

– Vous **êtes chinois(e)** ?
– Non, je <u>ne</u> suis <u>pas</u> chinois(e).

1. 東京・住む
2. 中国語・勉強する
3. 英語・話す
4. アメリカ・好む
5. 韓国人
6. パリ・働く

■ **Application 2**

– **Où est-ce que** vous habitez ?   – J'habite à Paris.
– **Qu'est-ce que** vous aimez ?   – J'aime l'art.

1. 住む / イタリア
2. 働く / 日本
3. 話す / フランス語とスペイン語
4. 勉強する / 料理・リヨン
5. 好む / イタリアとファッション
6. 勉強する / パリ・フランス

■ **Application 3**

絵の人物が語っていると思われることを言いましょう。

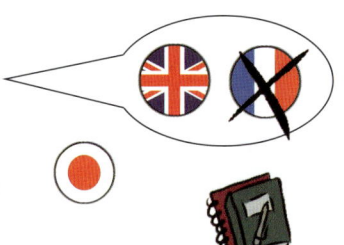

Tomohiro

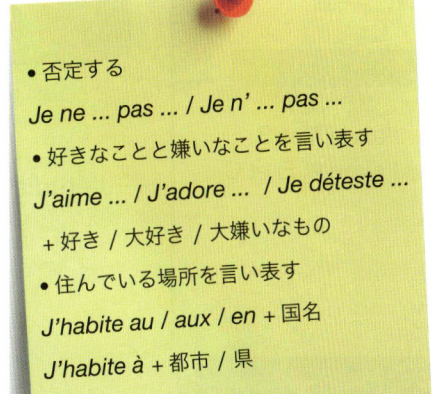

- 否定する
  Je ne ... pas ... / Je n' ... pas ...
- 好きなことと嫌いなことを言い表す
  J'aime ... / J'adore ... / Je déteste ...
  + 好き / 大好き / 大嫌いなもの
- 住んでいる場所を言い表す
  J'habite au / aux / en + 国名
  J'habite à + 都市 / 県

Écoutez

■ **Écoute 1**   1から6の質問に対する答えを、次の文から選びましょう。 🎧 39

( ). J'aime la mode et le français.   ( ). Non, je suis japonais.
( ). Oui, je parle japonais et chinois.   ( ). Je travaille en France.
( ). J'étudie à Lyon.   ( ). Oui, j'habite à Paris.

■ **Écoute 2**   録音を聞いて、活用された動詞の適切な主語を補いましょう。 🎧 40

1. j'/ je / vous   2. j'/ je / vous   3. j'/ je / vous   4. j'/ je / vous   5. j'/ je / vous

■ **Dictée**   録音を聞いて、書き取りましょう。 🎧 41

a.
b.
c.
d.

Leçon 3 | 17
dix-sept

Unité 1 - Se présenter
Leçon 4 – Vous avez une moto ?

■ Vocabulaire

- le sport　　　スポーツ
- une voiture　　車
- une moto　　　オートバイ
- surtout　　　　特に
- la culture　　　文化
- classique　　　クラシックな 古典の
- un chien　　　犬
- un chat　　　　猫

■ Prononciation

表現： J'aime A et B.
　　　J'aime A, B et C.

Présentations

次の自己紹介を聞きましょう。 42

Je m'appelle Thomas.
J'habite et je travaille à Paris.
J'aime le sport, les voitures et les motos.
J'aime surtout les voitures italiennes et les motos japonaises.
Je n'ai pas de voiture mais j'ai une moto.
Enchanté.

43
Moi, c'est Yuki. Je ne suis pas chinoise.
Je suis japonaise.
J'étudie en France. J'adore la culture française,
la cuisine et la musique classique.
J'aime aussi les chiens et les chats.
J'ai un chat mais je n'ai pas de chien.
Enchantée.

Grammaire

1 不規則動詞 avoir の活用　44

動詞 avoir の直接目的補語になる名詞には、たいてい不定冠詞 (un / une / des) か数詞がつきます。

ある / 持つ avoir		avoir の否定形	
j'	ai	je	n'ai pas
tu	as	tu	n'as pas
il	a	il	n'a pas
elle	a	elle	n'a pas
nous	avons	nous	n'avons pas
vous	**avez**	**vous**	**n'avez pas**
ils	ont	ils	n'ont pas
elles	ont	elles	n'ont pas

■ avoir + 数詞または不定冠詞 + 名詞

J'ai deux chats et un chien.　　　私は猫を二匹と犬を一匹飼っています。
Vous avez une moto ?　　　　　　あなたはオートバイを持っていますか。

2 属詞 attribut と直接目的補語 C.O.D (Complément d'Objet Direct)

主語	être 動詞	属詞（形容詞・名詞）
je	suis	japonais(e).
vous	êtes	étudiant(e)(s) ?

■ être の後に置かれて主語を説明する名詞や形容詞を属詞 attribut と呼びます。属詞の位置にくる形容詞・無冠詞名詞は、一般的に主語と性・数が一致します。

主語	動詞	直接目的語（名詞）
j'	ai	un chat.
j'	aime	la musique.
vous	étudiez	le français ?

■ aimer, étudier, avoir のような動詞の後に、前置詞なしで置かれる名詞を直接目的補語 C.O.D と呼びます。

3 限定詞－冠詞 (その2) 不定冠詞 un、une、des

不定冠詞は可算名詞につきます。ただし、可算名詞が aimer、adorer、détester のような好き嫌いを表す動詞の目的語になるときは定冠詞 **les** を使います。

Q
J'ai une voiture. J'adore les voitures.   私は車を持っています。私は車が大好きです。
Vous avez des chats ?   あなたは猫を飼っていますか。
– Non, je déteste les chats.   — いいえ、私は猫は嫌いです。

不定冠詞	単 数	複 数
男性形	un	des
女性形	une	

否定文の中では、直接目的補語につく不定冠詞は **de** となります。

Vous avez des chats ?   あなたは猫を飼っていますか。
– Non, je n'ai pas de chat.   — いいえ、飼っていません。

注意：*C'est un chat ? – Non, ce n'est pas un chat.*   それは猫ですか。いいえ、猫ではありません。

4 形容詞の複数形

形容詞の複数形は、単数形に -s をつけます。ただしもともと -s で終わる形容詞は複数形も同じ形です。
（参照 → page 7）

注意： français は男性複数形も français ですが、女性複数形は françaises となります。

形容詞・名詞	男性形	女性形
フランス人	français	françaises
韓国人	coréens	coréennes
学生（名詞）	étudiants	étudiantes

Dialogue

教科書を閉じて、次の対話を聞きましょう。 45

Thomas : Vous aimez la France, Yuki ?

Yuki : Oui, j'aime la France. J'aime surtout la cuisine et la musique classique. Et vous, qu'est-ce que vous aimez ?

Thomas : Moi, j'adore le sport et le cinéma japonais. J'aime aussi les voitures et les motos, surtout les voitures italiennes et les motos japonaises.

Yuki : Vous avez une moto ?

Thomas : Oui, j'ai une moto mais je n'ai pas de voiture.

LEÇON 4

Applications et exercices

■ Vocabulaire 🔊46

J'aime ...   …が好き
- le cinéma   映画
- la culture   文化
- la danse   ダンス / バレエ
- la lecture   読書
- la musique   音楽
- la peinture 絵画
- le sport   スポーツ
- les voyages 旅行
- ....
- ....

J'ai ...   …を持つ/…を飼う
- un chat   猫
- un chien   犬
- une moto   オートバイ
- une voiture 車
- ....

Les adverbes   副詞
- surtout   特に
- beaucoup   とても / よく / たくさん
- bien   よく / 上手に
- très bien   とてもよく

Les adjectifs   形容詞
- classique   クラシックな 古典の
- moderne   現代の

■ Exercice 1

適当な冠詞を入れ、必要に応じて形容詞の形を変えましょう。

1. ..... musique classique.....
2. ..... chat japonais.....
3. ..... voitures allemand.....
4. ..... cuisine chinois.....
5. ..... moto italien.....
6. ..... cinéma américain.....
7. ..... littérature français.....
8. ..... art moderne.....

■ Exercice 2

質問に否定形で答えましょう。

1. Vous aimez la musique classique ?
2. Vous avez des chiens ?
3. Vous êtes de Tokyo ?
4. Vous étudiez la mode ?
5. Vous aimez les voyages ?
6. Vous avez une moto ?
7. Vous parlez anglais ?

■ Exercice 3

例にならって形を変えましょう。

例：J'aime les chiens. J'ai **un chien**.

1. J'ai une moto japonaise. J'aime....
2. J'aime la musique classique. J'étudie...
3. J'aime les voitures italiennes. J'ai...
4. J'ai des chiens. J'aime...
5. J'étudie l'art italien. J'aime....

Parlez

グループになって次の会話練習をしましょう。

■ Application 1

– Vous **aimez la France** ?
– Oui, j'aime **beaucoup** la France. Et vous ?
– Moi aussi. / Non, moi, je n'aime pas la France.

1. ダンス・好む / 少し
2. 日本語・話す / 上手に
3. 働く / たくさん
4. フランス語・勉強する / 少し
5. 中国語・話す / 少し
6. 読書・好む / たくさん

■ Application 2

– Vous avez **une voiture** ?
– Non, je **n'**ai **pas de** voiture. Et vous ?
– Moi non plus. / Oui, moi, j'ai une voiture.

1. オートバイ
2. 日本製の車
3. 犬
4. 猫
5. ドイツ製の車

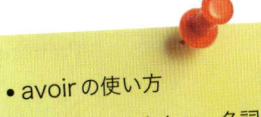

■ Application 3

絵の人物が語っていると思われることを言いましょう。

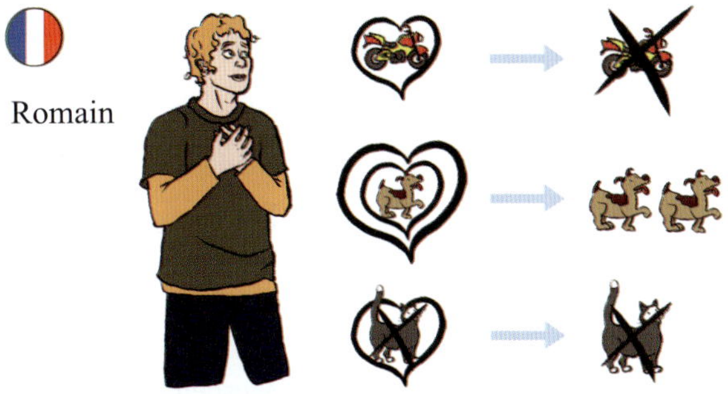

Romain

- avoir の使い方
J'ai un / une / des + 名詞

- 一般的に、副詞は動詞の直後
J'aime beaucoup les chiens.
Vous parlez bien français.

- Moi aussi. / Moi non plus.

Écoutez

■ Écoute 1
録音を聞いて、形容詞が単数 singulier(s.) か複数 pluriel(pl.) かを答えましょう。 47

1. s. / pl.   2. s. / pl.   3. s. / pl.   4. s. / pl.   5. s. / pl.
6. s. / pl.   7. s. / pl.   8. s. / pl.   9. s. / pl.   10. s. / pl.

■ Écoute 2
録音を聞いて、[ə] が聞こえたかどうかを判断しましょう。 48

1.   2.   3.   4.   5.

■ Dictée
録音を聞いて、書き取りましょう。 49

a.
b.
c.
d.

Leçon 4 | 21
vingt et un

LEÇON 5

Unité 1 - Se présenter
Leçon 5 – Dialogues

Dialogue 1　🅭50

対話を聞いて、身分証明書の空欄をうめましょう。

Nom : BOUDU
Prénom : Maurice
Nationalité : française
Profession : professeur

Nom : ....
Prénom : ....
Nationalité : ....
Profession : ....

Dialogue 2　🅭51

録音を聞いて、次の会話を完成させましょう。

Marc : Bonjour Mesdemoiselles. Vous êtes .... ?
Elsa : Oui, je suis française.
Lise : Moi, je suis américaine.
Marc : Et qu'est-ce que vous .... ?
Lise : J'étudie la littérature ....
Elsa : Moi, j'étudie la ....
Marc : Ah, vous .... japonais ?
Elsa : Oui, je parle un peu mais j'étudie surtout
　　　　　......................... et la littérature japonaise.
Marc : Et .... vous étudiez ?
Elsa : J'étudie à Paris.
Lise : Moi ...., j'étudie à Paris.
Marc : Ah, et .... à Paris ?
Elsa : Non.
Lise : Moi non plus. .... à Versailles.

丁寧な口調で質問する　🅭52

Comment est-ce que ça s'écrit ?
それはどう書きますか。

Où est-ce que vous habitez ?
あなたはどこに住んでいますか

Est-ce que vous aimez ..... ?
Aimez-vous.... ?
あなたは....が好きですか。

Qu'est-ce que vous étudiez ?
あなたは何を勉強していますか。

■ Vocabulaire　🅭53

単数で：
　　Mademoiselle
　　Madame
　　Monsieur

複数で：
　　Mesdemoiselles
　　Mesdames
　　Messieurs

男性女性あわせて2人以上のとき：
　　Messieurs-dames

Écrivez

Unité 1 で学んだ以下の動詞をすべて使って、自己紹介を書きましょう。

être / habiter / étudier / parler / travailler / aimer / adorer / détester et *avoir.*

....
....
....
....
....
....
....
....
....
....

Parlez

Exercice 1
２、３人のグループになって、自己紹介をもとに質問をし、職業や趣味などをたずねましょう。

Exercice 2
パーティーでユキは多くの人と出会います。下の絵を見ながら、２〜３人のグループになって、ユキと他の人たちとの会話を想像し、会話をしましょう。

Auto-évaluation 1

■ Test 1   …. / 6

(　)の中の形容詞を使って文を完成させましょう。

1. Vous êtes ……………………………… (フランス人), Messieurs ?
2. J'aime les motos ……………………………… (イタリア製の).
3. J'étudie l'histoire ……………………………… (アメリカの).
4. Tu aimes le cinéma ……………………………… (日本の).
5. Vous avez une voiture ……………………………… (ドイツ製の).
6. J'aime la cuisine ……………………………… (韓国の).

■ Test 2   …. / 9

これまで学んだ動詞の中から適当なものを選んで、次の文を完成させましょう。

1. Vous ……………………………… le français à Paris ?
2. Je ne ……………………………… pas, je ……………………………… étudiante.
3. Je ……………………………… beaucoup les voitures mais je ne ……………………………… pas de voiture.
4. Tu ……………………………… japonaise ?
5. Je ……………………………… de Tokyo mais je ……………………………… en France.
6. Vous ……………………………… coréen, madame ?

■ Test 3   …. / 10

次の文の間違いを直しましょう。

1. Bonjour ! Je m'appelle Yuko. Je suis japonaise et je adore la culture français. Je suis de Tokyo, mais j'habite à France. J'étudie la cuisine à Paris mais je ne parle pas très bien française. Enchantée.

2. Bonsoir ! Moi, c'est Arnaud. Je suis français mais j'habite au Italie. Je suis employé de bureau et je travaille à Rome. Je parle français, italien et espagnol. J'adores les voitures italien mais je n'ai pas une voiture. Enchantée.

■ Test 4   …. / 5

順序を入れ替えて、正しい文を作りましょう。

1. moto / ai / motos / aime / mais / n' / J' / pas / japonaises / les / de / je

……

2. le / français / bien / J' /parle / Paris / cinéma / à / je / pas / étudie / mais / ne

……

UNITÉ 1

■ Dialogue 3   🔘54

録音を聞いて、以下の文を正しい順序に並べましょう。

( ) – Oui, j'adore la France et surtout la cuisine française.
( ) – Moi, je suis anglaise.
( ) – Ah non ! Je déteste le sport.
( ) – Et tu habites à Paris?
(1) – Salut. Tu es français ?
( ) – Merci. J'étudie beaucoup. J'adore le français.
( ) – Et tu aimes aussi la France ?
( ) – Je ne travaille pas non plus. Moi aussi, je suis étudiant.
( ) – Oui, je suis français. Et toi ?
( ) – Non, je suis étudiante. Et toi ?
( ) – Moi, j'adore le sport. Tu aimes le sport ?
( ) – Moi, j'habite à Versailles. Tu parles bien français !
( ) – Ah bon, et tu travailles ?
( ) – Oui, j'habite à Paris, à Montmartre.

くだけた口調で質問する 🔘56

Ça s'écrit **comment ?**
どうやって書くの?

Tu habit**es** **où ?**
どこに住んでいるの?

Tu aim**es** **quoi ?**
何が好き?

Tu étudi**es** **quoi ?**
何を勉強しているの?

復習 🔘55

動詞	tuの活用
aimer	tu aim**es**
avoir	tu **as**
détester	tu détest**es**
être	tu **es**
étudier	tu étudi**es**
habiter	tu habit**es**
parler	tu parl**es**
travailler	tu travaill**es**

ポイント！

- tu は家族や友人など親しい間柄の相手に使います。
- 若い人同士であれば、bonjour や bonsoir の代わりに salut という表現を使います。
  また、家族や友人など親しい間柄でも使います。

Auto-évaluation 1 | 25
vingt-cinq

LEÇON 6

Unité 2 - Parler des autres
Leçon 6 – Qui est-ce ?

■ Vocabulaire

- une (jeune) femme　（若い）女性
- un frère　兄/弟
- une sœur　姉/妹
- des amis　友人
- un (jeune) homme　（若い）男性
- une fille　娘 / 若い女性

Les nombres　数字

vingt (20)
- et un　21
- -deux　22
- …
- -huit　28
- -neuf　29

Présentations

次の紹介を聞きましょう。 🔊 57

Cette jeune femme, c'est Yuki.
Elle est japonaise et elle est de Tokyo.
Elle a 22 ans et elle est étudiante.
Maintenant, elle étudie la mode à Paris.
Elle a deux frères mais pas de sœur.

🔊 58

Eux, ce sont ses amis français. Ils sont aussi étudiants.

Ce jeune homme, c'est Laurent.
Il a 23 ans. Il étudie la littérature.
Il a une sœur. Sa sœur s'appelle Pauline.

Cette fille, c'est Pauline.
Elle a 19 ans. Elle étudie l'anglais.
Elle a un frère. Son frère s'appelle Laurent.

Grammaire

1　s'appeler の活用と人称代名詞強勢形 🔊 59

…という名前だ s'appeler		
je	m'	appelle
tu	t'	appelles
il	s'	appelle
elle	s'	appelle
nous	nous	appelons
vous	vous	appelez
ils	s'	appellent
elles	s'	appellent

主語	強勢形
je	moi
tu	toi
il	lui
elle	elle
nous	nous
vous	vous
ils	eux
elles	elles

■ 名前をたずねるには、動詞 s'appeler と疑問副詞 comment を使います。

Q Comment s'appelle-t-il ?　彼は何という名前ですか。
→ Il s'appelle Laurent.　彼はロランです。

注意：活用が -e / -a で終わる動詞の後に、主語人称代名詞 il / elle が置かれるときは、発音しやすくするため間に « -t- » を入れます。

Où étudie-t-elle ?　彼女はどこで勉強していますか。
Quel âge a-t-il ?　彼は何歳ですか。

■ 人称代名詞強勢形は名詞や代名詞を強調して、文頭や前置詞の後に置かれたり、強調したい名詞と並べたりして使います。

Laurent a 23 ans. Pauline, <u>elle</u>, a 19 ans.
ロランは23歳です。ポリーヌのほうは19歳です。

Je m'appelle Thomas. Et <u>vous</u> ?
私はトマといいますが、あなたは？

■ s'appeler + 名前
→ Je m'appelle Laurent.　私はロランです。

UNITÉ 2

2 avoir の使い方：

■ avoirは所有を表します。
J'ai une voiture.　私は車を持っています。

■ また、年齢をいうときにも使います。
Q　**Vous avez quel âge ?**　あなたは何歳ですか。
→ **J'ai 20 ans.**　私は20歳です。

3 être の使い方：être は主語が属詞となる名詞と同じものであることを示します。

■ 誰かを紹介するときには、« c'est / ce sont » の後に限定詞(冠詞など)のついた属詞を置きます。
■ その人がどのような人かを言うときは «il (elle) est / ils (elles) sont» の後に限定詞のつかない属詞を置きます。

Q
Qui est-ce ? Qui est ce jeune homme ?	誰ですか。この男性は誰ですか。
→ C'est Laurent. C'est mon frère. Il est français.	ロランです。私の兄(弟)です。フランス人です。
Qui est-ce ? Qui sont ces jeunes filles ?	誰ですか。この女性たちは誰ですか。
→ Ce sont Yuki et Pauline. Elles sont étudiantes.	ユキとポリーヌです。彼女たちは大学生です。

4 限定詞 - 指示形容詞

指示形容詞は名詞の前について、名詞と性・数が一致します。

■ 用法1：指示形容詞は目の前の人やものを指す。
Ce garçon est français.　この少年はフランス人です。

■ 用法2：すでに話題に上った名詞を直後にもう一度出す。
C'est une jeune fille.　これは一人の少女です。
Cette jeune fille est japonaise.　その少女は日本人です。

	男性形	女性形
単数	ce / cet	cette
複数	ces	ces

注意：« cet » は母音字または無音のhで始まる男性名詞の前で使います。

5 限定詞 - 所有形容詞 (その1)：持ち主が一人のとき

■ 所有形容詞は、所有しているものを表す名詞の性・数に一致し、持ち主に応じて右の表のようになります。

C'est mon professeur.　こちらが私の先生です。
Ce sont mes chiens.　私の犬たちです。
C'est ton amie.　それはあなたの友だち(女性)です。

持ち主	男性形	女性形	複数形
je	mon	ma(mon)	mes
tu	ton	ta(ton)	tes
il / elle	son	sa(son)	ses
vous	votre	votre	vos

注意：母音字または無音のhで始まる女性名詞につくときは、男性形と同じ形を使います。

Dialogue

教科書を閉じて、次の対話を聞きましょう。

Laurent : Salut Yuki, ça va ?
Yuki : Oui, ça va. Qui est cette fille ?
Laurent : Elle, c'est ma sœur Pauline. Elle est étudiante, elle aussi. Et toi, tu as des frères et sœurs ?
Yuki : Je n'ai pas de sœur mais j'ai deux frères.
Laurent : Ils s'appellent comment, tes frères ?
Yuki : Ils s'appellent Shun et Sasuke.
Laurent : Ils ont quel âge ?
Yuki : Shun a 18 ans et Sasuke a 23 ans.
Laurent : Ah. Moi aussi, j'ai 23 ans et ma sœur a 19 ans. Et toi, tu as quel âge ?
Yuki : Moi ? Ha ha !

LEÇON 6

Applications et exercices

■ Vocabulaire

La famille 家族 (1)

- un enfant　　　子供
- une fille　　　娘
- un fils　　　息子
- un (petit/grand) frère
　　　　　　　弟/兄
- la grand-mère　祖母
- les grands-parents 祖父母
- le grand-père　祖父
- la mère　　　母
- les parents　　両親
- le père　　　父
- une (petite/grande) sœur
　　　　　　　妹/姉

Les personnes / gens 人々

- un (jeune) garçon
　　　　　　(若い) 男の子
- une (jeune) femme
　　　　　　(若い) 女性
- une (jeune) fille
　　　　　　(若い) 女の子
- un (jeune) homme
　　　　　　(若い) 男性

Les relations 人間関係

- un(e) ami(e)　　友人
- un(e) collègue　同僚
- un(e) patron(ne)　経営者/雇い主
- un(e) petit(e) ami(e) 恋人

■ Exercice 1

ce / cet / cette / ces の中から適切なものを選んで入れましょう。

1. .... chien
2. .... voiture
3. .... étudiants
4. .... motos
5. .... employé
6. .... fille
7. .... employée
8. .... hommes

■ Exercice 2

適切な所有形容詞を入れましょう。

1. Yuki a 22 ans et .... frère Shun a 18 ans.
2. Monsieur, ... frères ont quel âge ?
3. Laurent a 23 ans et .... sœur Pauline, elle, a 19 ans.
4. Laurent, comment s'appelle .... sœur ?
5. Je m'appelle Pauline et .... frère s'appelle Laurent.
6. Laurent, Yuki est .... amie ?

■ Exercice 3

(　) の中の正しい方を選びましょう。

– Tu as (tes / des) enfants ?

– Oui, j'ai (deux / de) fils et (une / la) fille.

– (Ils / Eux) s'appellent comment ?

– (Mes / Tes) fils s'appellent Gérald et Frédéric, et (une / ma) fille s'appelle Laura.

– Moi aussi, j'ai (une / ma) fille mais je n'ai pas (un / de) fils.

– Elle a (quel / quelle) âge, (ta / la) fille ?

– Elle a 15 ans.

UNITÉ 2

Parlez

グループになって次の会話練習をしましょう。

■ **Application 1**
– **Pauline**, qui est-ce ?
– C'est **une jeune fille**.
  Elle est étudiante. Elle a 19 ans.

1. Laurent
2. Yuki
3. Thomas (25)
4. Takeshi (20)
5. Maude (32)
6. Claire (41)
参照 → p.8

■ **Application 2**
– Qui est **ce jeune homme** ?
a. – C'est **Laurent**. Il est **français et étudiant**.
b. – C'est **un étudiant français**. Il s'appelle **Laurent**.
– Il a quel âge ?
– **Il a 23 ans**.

■ **Application 3**
– Est-ce que **Pauline** a des **frères** ?
a. – Non, **elle** n'a pas de **frère**.
b. – Oui, **elle** a un **frère**.
    – **Il** s'appelle comment ?
    – **Son frère** s'appelle **Laurent**.

1. Laurent / 姉妹
2. Yuki / 姉妹
3. Laurent / 日本人の友達
4. Pauline / 子供
5. Yuki / 兄弟
6. Vous / [自由]

● 誰であるかを聞く
Qui est ce / cette ... ?
Qui est-ce ?

● 人を紹介する : C'est / Ce sont ...
*C'est **un** étudiant.*
*Ce sont **mes** amis japonais.*

● どんな人かを言う : Il / Elle est ...
Il est ~~un~~ japonais.
Elles sont ~~des~~ étudiantes.

Écoutez

■ **Écoute 1**　録音を聞いて、男性形m.か女性形f.かを判断して正しいほうを○で囲みましょう。 🔊62

1. m. / f.　　2. m. / f.　　3. m. / f.　　4. m. / f.　　5. m. / f.

■ **Écoute 2**　録音を聞いて、*c'est, ces, ses* のいずれかを判断しましょう。 🔊63

1.　　2.　　3.　　4.　　5.

■ **Dictée**　録音を聞いて書き取りましょう。 🔊64

a.
b.
c.
d.

Leçon 6　29
vingt-neuf

LEÇON 7

Unité 2 - Parler des autres
Leçon 7 – Qu'est-ce qu'ils font dans la vie ?

■ Vocabulaire

- voilà	こちらが … です
- une femme	妻
- un directeur / une directrice	社長
- une entreprise	会社
- un(e) secrétaire	秘書
- dans...	… の中（に / で）
- un mari	夫
- une école	学校

Les nombres 数字 🎧67

trente (30)	et un 31, 41, ...
quarante (40)	-deux 32, 42, ...
cinquante (50)	...
soixante (60)	-huit 38, 48, ...
	-neuf 39, 49, ...

Présentations

次の紹介を聞きましょう。🎧65

Ces gens, ce sont les parents de Yuki.
Cet homme, c'est monsieur Saito. Il a 53 ans.
Et voilà sa femme, madame Saito. Elle a 49 ans.
Ils ont une fille et deux fils.
Leur fille s'appelle Yuki. Elle a 22 ans.
Leurs fils s'appellent Shun et Sasuke.
Ils ont 18 ans et 23 ans.

🎧66

Le père de Yuki est directeur d'entreprise.
Sa mère est secrétaire dans l'entreprise de son mari.
Yuki et son petit frère Shun sont étudiants.
Sasuke, lui, est professeur de sport dans une école.

Grammaire

1 faire の活用 🎧68

する	faire
je	fais
tu	fais
il	fait
elle	fait
nous	faisons
vous	faites
ils	font
elles	font

■ 動詞 faire は直接目的補語 (COD) を取ります。

注意 : faisons は [fəzɔ̃] と発音します。

Je fais un voyage.　　　　　　　　私は旅行をします。

■ 仕事や学業についてたずねるときは、faire dans la vie や faire comme travail / faire comme études と言う表現が使えます。

Q *Qu'est-ce qu'il fait dans la vie ?*　　彼は何をしている人ですか。
　→ *Il est professeur.*　　　　　　　教師です。

Qu'est-ce qu'il fait comme travail ?　　彼は何の仕事をしていますか。
Qu'est-ce qu'elle fait comme études ?　彼女は何の勉強をしていますか。

■ faire は一般的な行為や活動を表現するのにも使えます。

Qu'est-ce qu'elle fait en France ?　　彼女はフランスで何をしているのですか。
Elle étudie la mode.　　　　　　　　ファッションを勉強しています。

30 | Leçon 7
trente

UNITÉ 2

2 所有表現：

■ 動詞 avoir を使う。

J'ai un chien. 　　　　　　　私は犬を飼っています。

■ 所有しているものを表す名詞に所有形容詞をつける。

C'est mon chien. 　　　　　　私の犬です。

■ 前置詞 de ＋所有者で表す。この場合所有しているものが一つ(一人)なら、その名詞につく冠詞は定冠詞です。

Romain a un chien. C'est le chien de Romain. 　　　ロマンは犬を飼っています。これがロマンの犬です。

Laurent a des amis. Yuki est une amie de Laurent. 　　ロランには友人がいます。ユキはロランの友人の一人です。

Q | *C'est le chien de qui ? C'est le chien de Romain.* 　　誰の犬ですか。これはロマンの犬です。

注意：de ＋ le = du, de ＋ les = des

Yuki est la fille du directeur. (de le directeur) 　　ユキは社長の娘です。

3 限定詞 - 所有形容詞 （その２）：持ち主が二人以上のとき

■ 所有形容詞は右の表のようになります。

Yuki est l'amie de Laurent et Pauline. C'est leur amie.

　　ユキはロランとポリーヌの友達です。彼女は彼らの友達です。

Ces chiens, ce sont vos chiens, Messieurs ?

　　この犬たちはあなたのですか。

M. et Mme Desbois, Laurent et Pauline sont vos enfants ?

　　デボアご夫妻、ロランとポリーヌはあなた方のお子さんですか。

持ち主	単数形	複数形
nous	notre	nos
vous	votre	vos
ils / elles	leur	leurs

4 前置詞：前置詞 chez と dans は、後に名詞や人称代名詞強勢形を置いて場所の状況補語 (Complément Circonstanciel de Lieu = CCL) を表します。

Thomas habite chez ses parents. 　　　　　トマは両親の元で暮らしています。

J'ai des amis à Paris. J'habite chez eux. 　　私はパリに住む友人がいます。私は彼らのところに住んでいます。

Elle étudie dans une école. 　　　　　　　彼女は学校で学んでいます。

Dialogue

教科書を閉じて、次の対話を聞きましょう。 🔊 69

Laurent : 　Pauline, voilà Yuki. C'est une amie japonaise.

Pauline : 　Enchantée Yuki. Je suis la sœur de Laurent.
　　　　　　 Qu'est-ce que tu fais en France ?

Yuki : 　　J'étudie la mode et aussi le français.

Pauline : 　Oh ! J'adore la mode ! Et tu habites où ?

Yuki : 　　Mes parents ont des amis à Paris. J'habite chez eux,
　　　　　　 dans leur maison à Saint-Germain.
　　　　　　 Et vous, vous habitez à Paris aussi ?

Laurent : 　Oui. Nos parents habitent à Lyon mais nous,
　　　　　　 nous habitons chez notre oncle à Montmartre.

Pauline : 　Et...Yuki... tu es la petite amie de mon frère ?

Yuki : 　　Ha ha ha ! Non, je ne suis pas sa petite amie !

Laurent : 　Pauline !

Leçon 7

LEÇON 7

Applications et exercices

■ Vocabulaire

La famille 家族 (2)
- un cousin　　　従兄弟
- une cousine　　従姉妹
- une femme　　 妻
- un mari　　　　夫
- un oncle　　　 叔父
- une tante　　　叔母
- ....
- ....

Les lieux 場所
- un appartement　アパルトマン
- un bâtiment　　　建物
- un cours　　　　 授業
- une école (de langues)
　　　　　　　　 (語学)学校
- une entreprise　　会社
- une maison　　　一軒家
- un quartier　　　 地区
- une salle (de classe) 教室
- une université　　大学
- ....

Les professions 職業 (2)
Le travail 仕事
- un directeur / une directrice
　　~ d'entreprise　　社長
　　~ d'école　　　　校長
　　~ de banque　　 頭取
- un / une secrétaire　秘書
- ....
- ....

Les prépositions 前置詞
- chez　…の家で / …のところで
- dans　…の中で

■ Exercice 1

例にならって、性・数に注意して所有形容詞を入れ、文を変えましょう。

例：Il a une secrétaire. C'est sa secrétaire.

1. Ils ont des enfants.
2. Vous avez des filles ?
3. Elle a des amis.
4. Nous avons un chien.
5. Elles ont une voiture.
6. Vous avez un appartement ?

■ Exercice 2

所有形容詞を使って質問に答えましょう。

例：Pauline est la sœur de Laurent ? Oui, c'est sa sœur.

1. Thomas est le frère de Laurent ?
2. Yuki et Shun sont les enfants de M. Saito ?
3. M. et Mme Saito sont les parents de Yuki et Shun ?
4. Yuki est l'amie de Laurent ?
5. Yuki est la petite amie de Laurent ?
6. Yuki est l'amie de Pauline et Laurent ?

■ Exercice 3

chez または dans を選んで入れましょう。

1. Yuki étudie ..... une université parisienne.
2. Thomas habite ..... ses parents.
3. Laurent et Pauline habitent ..... leur oncle.
4. Yuki habite ..... des amis ..... une maison.
5. Madame Saito travaille ..... l'entreprise de son mari.
6. Vous étudiez ..... une école de langues ?

Parlez

グループになって次の会話練習をしましょう。

■ Application 1

– **Yuki** est **la fille de M.Saito** ?
– **Oui**, c'est **sa fille**.

1. Laurent / Pauline の兄
2. Yuki / Laurent と Pauline の友達
3. M. et Mme Saito / Laurent の両親
4. M. Boudu / あなたの先生
5. Laurent と Pauline / Yuki と Thomas の友達

■ Application 2

– **Yuki**, qu'est-ce qu'**elle** fait dans la vie ?
– **Elle** est **étudiante**.

1. Laurent
2. Yuki の兄弟
3. Thomas
4. Vous
5. Yuki のお父さん
6. あなたの［自由］

■ Application 3

– Où est-ce que **Yuki habite à Paris** ?
– Elle **habite** dans une maison à Saint-Germain.

1. Yuki / 勉強する
2. Thomas / 働く
3. Yuki のお母さん / 働く
4. Pauline et Laurent / 住む
5. Vous / フランス語を学ぶ
6. Vous / 住む

• faire + COD
faire dans la vie
faire comme métier
faire + 場所の状況補語

• 所有表現
J'ai un / une ... / C'est mon / ma ...
J'ai des ... / Ce sont mes ...
C'est le / la ... de ...
Ce sont les ... de ...

Écoutez

■ Écoute 1   録音を聞いて、動詞が単数か複数かを言いましょう。 🔊71

1. s / pl.
2. s / pl.
3. s / pl.
4. s / pl.
5. s / pl.
6. s / pl.
7. s / pl.
8. s / pl.
9. s / pl.
10. s / pl.

■ Écoute 2   聞こえた [sɛt] が c'est, cet, cette, sept のいずれかを判断しましょう。 🔊72

1.   2.   3.   4.   5.

■ Dictée   録音を聞いて書き取りましょう。 🔊73

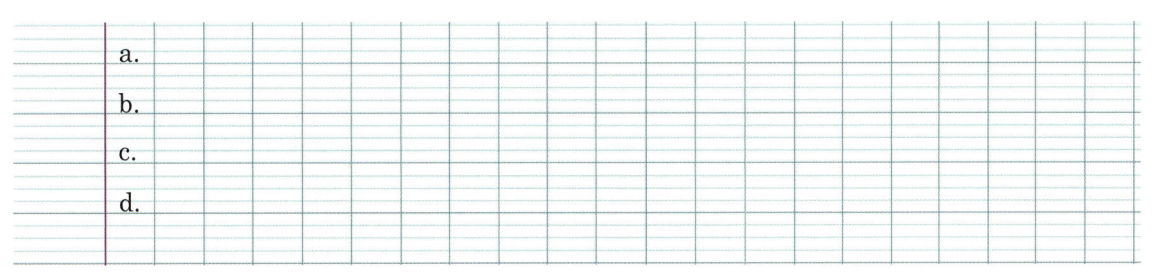

a.
b.
c.
d.

LEÇON 8

Unité 2 - Parler des autres
Leçon 8 – Il est comment ?

■ Vocabulaire

-petit(e)	小さい/背の低い
-un peu	少し
-gros(se)	太った
-toujours	いつも
-des vêtements	洋服
-une couleur	色
-les cheveux	髪の毛
-les yeux	目
-gris(e)	グレーの
-marron（不変）	茶色い
-brun(e)	黒髪の
-noir(e)	黒い
-grand(e)	大きい/背の高い
-blond(e)	金髪の
-des lunettes	眼鏡
-bleu(e)	青い
-vert(e)	緑の

Présentations

次の紹介を聞きましょう。 74

Voilà le professeur de Yuki.
Il s'appelle Maurice Boudu.
Il a 61 ans.
Il est petit et un peu gros.
Il porte toujours des lunettes et des vêtements classiques.
Il a les cheveux gris et ses yeux sont marron.

75
Yuki est petite et brune. Elle a les yeux noirs.

Laurent est grand et il a les cheveux blonds.
Il porte des lunettes et ses yeux sont bleus.

Pauline est petite et ses cheveux sont blonds aussi.
Elle a les yeux verts. Elle ne porte pas de lunettes.

Grammaire

1 porter の活用 76

着る	porter
je	porte
tu	portes
il	porte
elle	porte
nous	portons
vous	portez
ils	portent
elles	portent

■ porter + 不定冠詞 + 名詞
→ Il porte **des** lunettes.
彼は眼鏡をかけてる。

2 疑問形容詞 quel

	男性形	女性形
単数	quel	quelle
複数	quels	quelles

■ 疑問形容詞は、その名詞がどのようであるかをたずねるときに使い、名詞と性・数が一致します。

Quel âge avez-vous ?	あなたは何歳ですか。
→ J'ai 23 ans.	23歳です。
Quel est son nom ?	彼は何という名前ですか。
→ Il s'appelle Laurent.	ロランです。
Quelle est sa nationalité ?	彼の国籍は何ですか。
→ Il est français.	フランス人です。
Quelle est la couleur de ses cheveux ?	彼の髪は何色ですか。
→ Il a les cheveux noirs.	彼は黒い髪をしています。
Quelle est la couleur de ses yeux ?	彼女の目は何色ですか。
→ Elle a les yeux noirs.	彼女は黒い目をしています。

3 名詞のまとめ

名詞の役割は主に以下のように分類され、多くの場合限定詞がつきます。

- 主語： *Ce jeune homme s'appelle Paul.*
  この青年はポールといいます。
- 属詞： *C'est ma maison.*
  これは私の家です。
- 直接目的補語： *J'aime la musique.*
  私は音楽が好きです。
- 状況補語： *J'étudie dans une école de langues.*
  私は語学学校で勉強しています。

| un |
| le |
| mon | } quartier
| ce |
| quel |

| une |
| la |
| ma | } maison
| cette |
| quelle |

4 形容詞のまとめ

■ 形容詞は修飾する名詞、または主語と性・数が一致します。

Il adore le cinéma italien. 彼はイタリアの映画が大好きです。

■ 形容詞は多くの場合名詞の後ろに置かれます。

ただし、petit, grand, beau, vieux などのよく使われる形容詞の中には、名詞の前に置かれるものもあります。

C'est un petit garçon blond. 小柄な金髪の少年です。

注意：形容詞が名詞の前についているとき、不定冠詞複数の des は de に変わります。

Il a des grands yeux → *Il a de grands yeux.* 彼は大きな目をしています。

注意：-eau で終わる形容詞の複数形は -eaux となります。

Un beau garçon → *De beaux garçons* （何人かの）ハンサムな少年たち

Q
- J'ai un frère. 私は兄(弟)がいます。
- Il est comment ? どんな人ですか。
- Il est grand et brun. 背が高くて黒い髪の人です。

- J'ai des sœurs. 私は姉妹がいます。
- Elles sont comment ? どんな人たちですか。
- Elles sont petites et blondes. 背が低くて金髪です。

Dialogue

教科書を閉じて、次の対話を聞きましょう。 🎧77

Yuki : Oh ! J'ai un cours de français maintenant.
Laurent : Tu étudies dans quelle salle ?
Yuki : Dans la salle... C72. Et vous ?
Pauline : Moi, je n'ai pas de cours.
Laurent : Moi non plus. Tu as quel professeur ?
Yuki : Il s'appelle Monsieur Boudu.
Laurent : Monsieur Boudu ? Il est comment ?
Yuki : Il a les cheveux gris et il porte des lunettes.
Laurent : Il est vieux ? Il a quel âge ?
Yuki : Non, il n'est pas très vieux. Il a peut-être 60 ans.
Ah, c'est lui ! Au revoir Laurent, au revoir Pauline !
Laurent : À bientôt Yuki !
Pauline : Au revoir.

LEÇON 8

Applications et exercices

■ Vocabulaire

Les couleurs 色 (1)
- blanc(he)　　白い
- bleu(e)　　青い
- blond(e)　　金髪の
- brun(e)　　黒髪の
- châtain(e)　　栗色の
- gris(e)　　グレーの
- marron (不変)　茶色い
- noir(e)　　黒い
- vert(e)　　緑の

Expressions 表現
- avoir les cheveux ~s
　　～な髪をしている
- avoir les yeux ~ s
　　～な眼をしている
- être　brun(e)　　黒い
　　　blond(e)　　金色の
　　　châtain(e)　栗色の
　　　～髪をしている

L'apparence 外見
- beau (bel) / belle
　　かっこいい / きれいな
- grand(e)　　背の高い
- gros(se)　　太った
- jeune　　若い
- mince　　痩せた
- petit(e)　　背の低い
- vieux (vieil) / vieille　年を取った

Divers その他
- des lunettes　　眼鏡
- des vêtements　洋服
- très とても + 形容詞 / 副詞
- 動詞 + toujours　いつも～
- 動詞 + peut-être
　　　～かもしれない

■ Exercice 1

(　) の中の形容詞を適切な形にして名詞につけましょう。

1. un chat (noir)

2. des cheveux (blond)

3. une voiture (petit)

4. des étudiantes (jeune)

5. des yeux (beau)

6. une amie (japonais)

7. un garçon (grand)

8. des maisons (bleu)

■ Exercice 2

語順を入れ替えて正しい文を作りましょう。

1. Yuki / frères / prénoms / sont / de / des / les / quels ?

2. M. Boudu / la / des / est / couleur / yeux / cheveux / quelle / des / et / de ?

3. habitent / Laurent / et / quartier / dans / quel / Pauline ?

4. spécialité / quelle / Laurent / de / la / est ?

■ Exercice 3

以下の文中にある間違いを直しましょう。

1. Yuki est petit et elle a les yeux noir. (2)

2. Pauline est châtain et elle a les yeux vertes. (2)

3. M. Saito a les yeux noires et il est brune. (2)

4. Pauline et Yuki sont petits mais Laurent et Thomas sont grand. (2)

UNITÉ 2

Parlez

グループになって次の会話練習をしましょう。

■ **Application 1**
– **Yuki**, elle est comment ?
– Elle est **petite**, **mince** et **brune**.
– Elle porte des lunettes ?
– **Non**, elle **ne** porte **pas de** lunettes.

■ **Application 2**
– Quelle est la nationalité de **Yuki** ?
– Elle est **japonaise**.
– Quelle est sa profession ?
– Elle est **étudiante**.
– Quels sont ses goûts* ?
– Elle aime **la mode** et **la France**.
– Quelle est la couleur de ses cheveux ?
– Elle **a les cheveux bruns**.
– Quelle est la couleur de ses yeux ?
– Elle a les yeux **noirs**.

Application 1~2 で使う単語：
1. Laurent 3. M. Boudu   5. vous
2. Pauline 4. Yuki のお父さん 6. あなたの [自由]

■ **Application 3**
p.36にある形容詞を使って人物描写をしましょう。

● 名詞 + 形容詞
une voiture bleue
la musique japonaise
des universités françaises

● Quel の使い方
Quel âge avez-vous ?
Quelle est la couleur de ses yeux ?

* goûts : 趣味

Écoutez

■ **Écoute 1**   録音を聞いて、内容があっていれば V (vrai)、違っていれば F (faux) を選びましょう。 🎧79

1. Mon oncle est brun.   V / F
2. J'ai les yeux bleus.   V / F
3. Ma sœur est grande.   V / F
4. Nos parents ne sont pas vieux.   V / F
5. Nous ne portons pas de lunettes.   V / F
6. Mon père a les cheveux blonds.   V / F

■ **Écoute 2**   録音を聞いて、quel /quelle /quels /quellesのどれが聞こえたかを判断しましょう。 🎧80

1.   2.   3.   4.   5.

■ **Dictée**   録音を聞いて、書き取りましょう。 🎧81

a.
b.
c.
d.

Leçon 8 | 37
trente-sept

LEÇON 9

Unité 2 - Parler des autres
Leçon 9 – Qu'est-ce que c'est ?

■ Vocabulaire

- un tableau — 黒板
- un sac — 鞄 / バッグ
- des affaires — 持ち物
- un portefeuille — 財布
- une clé — 鍵
- un (téléphone) portable — 携帯（電話）
- sur — …の上に
- un bureau — 机
- un livre — 本
- un cahier — ノート
- un stylo — ペン
- une trousse — 筆箱
- une carte d'étudiant — 学生証

Présentations

次の紹介を聞きましょう。 🎧 82

C'est une université parisienne.
C'est l'université de Yuki et Laurent.

Et voilà une salle de classe. C'est la salle C72.
Maintenant, Yuki étudie le français dans cette salle.
Elle regarde le tableau et elle écoute le professeur.

🎧 83

C'est le sac de Yuki. Il est blanc.
Dans son sac, il y a ses affaires : un portefeuille, des clés et un portable.
Sur son bureau, il y a des livres, un cahier et des stylos.
Il y a aussi une trousse et sa carte d'étudiant.

Grammaire

1 regarder、écouter の活用 🎧 84

見る / 観る regarder
je regarde
tu regardes
il regarde
elle regarde
nous regardons
vous regardez
ils regardent
elles regardent

聞く / 聴く écouter
j' écoute
tu écoutes
il écoute
elle écoute
nous écoutons
vous écoutez
ils écoutent
elles écoutent

■ regarder ＋ 名詞
→ Je regarde le tableau.　私は黒板を見ています。

■ écouter ＋ 名詞
→ J'écoute le professeur.　私は先生の話を聞いています。

■ Les nombres 70~100

🎧 85

soixante-dix (70)
soixante et onze (71)
soixante-douze (72)
...
soixante-dix-neuf (79)

quatre-vingts (80)
quatre-vingt-un (81)
...
quatre-vingt-huit (88)
quatre-vingt-neuf (89)

quatre-vingt-dix (90)
quatre-vingt-onze (91)
quatre-vingt-douze (92)
...
quatre-vingt-dix-neuf (99)
cent (100)

2 Il y a / c'est

■ 人や物がある・いることを表現するには il y a... が使えます。人やものが複数でも il y a は不変です。

Dans la salle, il y a un bureau et des chaises. Il y a aussi des étudiants.
この部屋の中には机と椅子があります。学生もいます。

■ il y a で示したものがどのようなものかは c'est で説明します。

Dans la salle, il y a un bureau. C'est le bureau du professeur.
教室には机があります。それは先生の机です。

Q:
Qu'est-ce que c'est ?	これは何ですか。
→ C'est une classe.	これは教室です。
Qu'est-ce qu'il y a dans la classe ?	教室の中には何がありますか。
→ Il y a un bureau, des tables et des chaises.	机とテーブルと椅子があります。
Qui est-ce qu'il y a dans la classe ?	教室の中には誰がいますか。
→ Il y a une jeune fille. C'est Yuki.	女の子が一人います。それはユキです。

3 冠詞のまとめ

■ 可算名詞が初めて提示されたときには不定冠詞が使われ、抽象名詞には定冠詞が使われます。

J'ai une voiture et deux motos. 私は車を一台、バイクを二台持っています。
J'étudie la musique et le français. 私は音楽とフランス語を勉強しています。

■ 可算名詞が次のように特定されると定冠詞がつきます。

a. 文脈によって特定されたとき： *J'écoute le professeur (de la classe).* 私は(クラスの)先生のいうことを聞きます。
b. 一つしかないものであるとき： *Voilà la salle C72.* ここがC72 教室です。
c. 所有しているものが一つ(一人)のとき： *C'est le chat de Yuki.* これはユキの猫です。
d. 話者がすでに知っているもののとき： *Sur la table, il y a des livres.* テーブルの上には本があります。

■ 同じ名詞を繰り返す場合は指示形容詞を使うこともできます。

Il y a une trousse. Dans cette trousse, il y a des stylos. ここに筆箱があります。筆箱の中にはペンが入っています。

Dialogue

教科書を閉じて、次の対話を聞きましょう。 86

Employé : Excusez-moi. Il y a un sac sur cette table. C'est le sac de qui ?
M.Boudu : Je ne sais pas. Qu'est-ce qu'il y a dans ce sac ? Regardez !
Employé : Il y a un portefeuille, des livres, un cahier, une trousse...
M.Boudu : Qu'est-ce qu'il y a dans le portefeuille ?
Employé : Je regarde. Il y a des cartes de crédit, des photos...
M.Boudu : Qu'est-ce qu'il y a sur ces photos ?
Employé : Un chat et des gens.
　　　　　 Oh, il y a aussi une carte d'étudiant.
M.Boudu : Ah bon. Qui est-ce ?
Employé : C'est une jeune fille japonaise. Elle s'appelle Yuki.
M.Boudu : Ah ! C'est le sac de mademoiselle Saito !

LEÇON 9

Applications et exercices

■ Vocabulaire

Dans la classe 教室で

- un bureau — 机
- une chaise — 椅子
- une table — 机 / テーブル
- un tableau — 黒板
- une télévision — テレビ
- ....
- ....

Les affaires 持ち物

- un agenda — 手帳
- un cahier — ノート
- une carte
  ～d'étudiant — 学生証
  ～d'identité — 身分証明書
  ～de crédit — クレジットカード
- une clé — 鍵
- un dictionnaire
  (électronique) — (電子) 辞書
- un livre — 本
- une photo — 写真
- un portefeuille — 財布
- un stylo — ペン
- un (téléphone) portable — 携帯 (電話)
- une trousse — 筆箱
- un sac — 鞄 / バッグ
- ....
- ....

Les couleurs 色 (2)
参照 → 教科書の見返し

■ Exercice 1

un / une / des / le / la / l' / les の中から適切なものを選んで入れましょう。

1. J'ai .... amis japonais.
2. Romain aime .... chiens.
3. Voilà .... Quartier Latin.
4. C'est .... très petit sac.
5. Yuki est .... amie de Laurent.
6. .... trousse de Yuki est orange.
7. C'est .... chien de Romain.
8. J'ai .... sœur et ..... frère.

■ Exercice 2

1〜6の文が答えとなる質問を考えましょう。

1. C'est un livre de français.
2. Non, il n'y a pas de clé dans mon sac.
3. Ce sont des étudiants de la classe C72.
4. Non, il n'a pas de chien.
5. Il y a ses affaires.
6. C'est mon professeur.

■ Exercice 3

適切な不定冠詞、定冠詞、指示形容詞を入れて文を完成させましょう。

Voilà .... grand bâtiment. C'est .... université. Dans .... université, il y a .... salles de classe. Voilà .... salle C72. Yuki étudie dans .... classe. Il y a .... chaises, ... tables et .... bureau de .... professeur. Sur la table de Yuki, il y a .... sac, ... trousse, ... portefeuille et .... livres. Dans .... trousse, il y a .... stylos. Dans .... portefeuille, il y a .... photos et .... carte d'étudiant. Sur .... photos, il y a .... gens. C'est .... famille de Yuki.

40 | Leçon 9
quarante

Parlez

グループになって次の会話練習をしましょう。

■ **Application 1**

– Qu'est-ce que c'est ?
a. – C'est un **sac**.
   – **Il** est comment ?
   – **Il est petit et noir**.
b. – C'est **un petit sac noir**.

■ **Application 2**

– Qu'est-ce qu'il y a dans la classe ?
a. – Dans la classe, il y a une **télévision**.
   – Comment est **cette télévision** ?
   – **Elle** est **petite** et **vieille.**
b. – Dans la classe, il y a **une étudiante**.
   – Qui est-ce ?
   – **Elle** s'appelle Yuki. **Elle** est **japonaise**.

教室の中の人やものを用いて Application 1と2 の練習を続けましょう。

■ **Application 3**

イラストを見て、これまで学んだ名詞・形容詞を使った文を作りましょう。

- 場所の状況補語, il y a ...
→ *Dans la classe, il y a des tables.*

- Qu'est-ce que c'est ?
→ *C'est un / une ...*
→ *Ce sont des ...*

- Il y a un / une / des ...
→ *Ce / Cette / Ces ..., c'est ... / ce sont ...*

Écoutez

■ **Écoute 1**   1〜6の質問に対する答えを下から選んで番号を記入しましょう。 🎧88

( ). Il y a ma famille et mon chien.   ( ). C'est mon université.
( ). C'est un ami français.   ( ). C'est Jeanne, ma secrétaire.
( ). Il y a des cartes et des photos.   ( ). Il a un portefeuille et des clés.

■ **Écoute 2**   [ila] と [ilja] のどちらが聞こえたかを言いましょう。 🎧89

1. [ila] / [ilja]   2. [ila] / [ilja]   3. [ila] / [ilja]   4. [ila] / [ilja]   5. [ila] / [ilja]

■ **Dictée**   録音を聞いて、書き取りましょう。 🎧90

a.
b.
c.
d.

Leçon 9 | 41
quarante et un

LEÇON 10

Unité 2 - Parler des autres
Leçon 10 – Dialogues

Dialogue 1 🔊 91

対話を聞いて写真の人物が誰かを考え、6人の名前を下から選びましょう。

Marc – Philippe – Pauline – Louise – Francine – Jean-Luc – Laurent

1.
2.
3.
4.
5.
6.

Dialogue 2 🔊 92

対話を聞いて質問に答えましょう。

1. Qu'est-ce que Rebecca cherche* ?
2. Comment est son sac ?
3. Qu'est-ce qu'il y a dans son sac ?
4. Est-ce qu'il y a des clés dans son sac ?
5. Est-ce qu'il y a aussi un téléphone portable ?
6. Quelle est la couleur du portefeuille ?
7. Est-ce que le cahier est rouge ?
8. Est-ce que la trousse est verte ?
9. Qui est-ce qu'il y a sur les photos ?
10. Qu'est-ce que l'homme fait ?

*chercher : 探す

丁寧な口調で質問する 🔊 93

Qu'est-ce que c'est ?
これは何ですか?

Qui est-ce ?
彼は誰ですか?

Comment s'appelle-t-il ?
彼は何という名前ですか?

Qu'est-ce qu'il fait dans la vie ?
彼は何の仕事をしていますか?

Quel âge avez-vous ?
あなたはおいくつですか?

Comment est votre sac ?
あなたの鞄はどんなものですか?

Quel est **votre** nom ?
お名前は何とおっしゃいますか?

くだけた口調で質問する 🔊 94

C'est ton frère ?
こちらはお兄さん(弟さん)ですか?

Il s'appelle **comment** ?
彼は何と言う名前?

Il fait **quoi** comme travail ?
彼は何の仕事をしているの?

Vous avez **quel âge** ?
あなたは何歳ですか?

Il est **comment**, votre sac ?
あなたのかばんはどんなのですか?

Votre nom ?
あなたはなんていう名前?

Leçon 10
quarante-deux

Écrivez

Unité 1と2で 学んだ動詞を使って、家族の紹介を書きましょう。

être / habiter / étudier / parler / travailler / aimer / adorer / détester / avoir / faire / porter etc.

....
....
....
....
....
....
....
....
....

Parlez

Exercice 1
2、3人のグループになって、家族の紹介をもとに質問をし、職業や外見などをたずねましょう。

Exercice 2
下の絵をみながら、2〜3人のグループになってユキと他の人たちとの会話を想像し、会話しましょう。

Leçon 10
quarante-trois

Auto-évaluation 2

■ Test 1   .... / 6

（　）の中の形容詞を使って文を完成させましょう。

1. Laurent est .... (金髪の). Il a les yeux .... (青い).
2. Yuki est .... (黒髪の). Elle a les yeux .... (黒い).
3. Monsieur Boudu n'est pas très .... (年を取った), mais il a les cheveux .... (グレーの).
4. Pauline est .... (金髪の). Elle est très .... (きれいな).
5. Thomas est .... (栗色の). Il a les yeux .... (茶色い).
6. Yuki et Pauline sont .... (背の低い), mais elles sont aussi .... (やせた).

■ Test 2   .... / 4

これまで学んだ動詞の中から適当なものを選んで、次の文を完成させましょう。

1. J' .... le professeur et je .... le tableau.
2. Monsieur Boudu .... des lunettes.
3. Dans la vie, Yuki .... la mode et le français
4. La sœur de Laurent .... Pauline.
5. Les parents de Yuki .... ensemble dans leur entreprise.
6. Laurent .... grand mais Pauline et Yuki .... petites.

■ Test 3   .... / 10

次の文の間違いを直しましょう。

1. Je m'appelle Yuki. J'ai deux frères. Ils s'appelle Shun et Sasuke. Ils ont 18 et 23 ans. Shun est étudiant et Sasuke est professeur le sport. Ils ont bruns et ils ont les yeux noirs. Moi aussi, j'ai les yeux noire et mon cheveux sont bruns. Je suis petite et mince.

2. Je m'appelle Laurent. J'ai une sœur, elle m'appelle Pauline. Nous habitent à Paris. Pauline a 19 ans et lui, j'ai 23 ans. Je suis grand, j'ai les yeux bleus et je suis blond. Pauline est blond aussi et ces yeux sont verts.

■ Test 4   .... / 5

順序を入れ替えて正しい文を作りましょう。

1. entreprise / et / secrétaire / dans / mari / c'est / sa / Madame Saito / l' / travaille / son / de.

....

2. étudie / le / dans / salle / l'université / de / C72 / français / Yuki / la.

Dialogue 3

適切な限定詞を入れて文を完成させましょう。

– Qui est .... homme ?

– C'est Thomas. Il est français. Il habite à Paris chez .... parents dans .... grand appartement. Il n'a pas .... sœur mais il a .... frères. Ils s'appellent Yvan et Jacques.

– Il habite dans .... quartier à Paris ?

– L'appartement de .... parents est dans .... Quartier Latin. C'est .... vieux quartier parisien.

– Qu'est-ce qu'il fait comme travail ?

– Il travaille dans une banque.

– Dans .... banque est-ce qu'il travaille ?

– .... banque s'appelle la BNP. C'est .... grande banque française.

– Quels sont ses goûts ?

– Il adore .... voitures et .... motos. Il a .... belle moto mais il n'a pas .... voiture.

– Qui sont .... jeunes gens ?

– Ce sont .... amis de Thomas. Il y a Jean-Benoît, Laurent et Pauline.

– Et .... jeune femme brune, qui est-ce ?

– Elle, c'est Yuki, ... amie japonaise.

ポイント！

■ 限定詞というのは(不)定冠詞、数詞、疑問形容詞、所有形容詞、指示形容詞などです。
■ 限定詞は名詞と性・数が一致します。

Auto-évaluation 2

Unité 2 - Conclusion
Auto-évaluation finale

1. 名詞と限定詞：a - 冠詞

■ **Exercice 1-1**

可算名詞には un / une / des から、不可算名詞には le / la / l' から適切なものを選んで入れましょう。

1. ..... musique
2. ..... chat
3. ..... appartement
4. ..... fils
5. ..... trousse
6. ..... anglais
7. ..... peinture
8. ..... tableau
9. ..... table
10. ..... université
11. ..... quartier
12. ..... moto

■ **Exercice 1-2**

必要に応じて形容詞の前につく不定冠詞複数形の形を変えましょう。

- des → de (d') + 形容詞 + 名詞

1. ..... étudiants espagnols
2. ..... yeux verts
3. ..... belles maisons
4. ..... grands-parents italiens
5. ..... petits sacs blancs
6. ..... gros chiens

■ **Exercice 2**

適切な冠詞を入れて文を完成させましょう。動詞 aimer や adorer などの目的語には定冠詞がつくことに注意して下さい。必要に応じて名詞に複数形の -s をつけましょう。

- 可算名詞：un / une / des → les
- 不可算名詞：le / la / l'

1. Tu aimes ..... enfant ?
2. J'adore ..... cinéma japonais.
3. Je déteste ..... voiture.
4. Mon fils n'aime pas ..... école.
5. Nous aimons ..... littérature et ..... livre.
6. Je déteste ..... art moderne.
7. Il adore ..... vêtements noirs.
8. Mes parents n'aiment pas ..... voyage.

■ **Exercice 3**

適切な冠詞を入れて文を完成させましょう。否定文では直接目的補語につく不定冠詞は de に変わり、定冠詞は変化しないことに注意して下さい。

- 不定冠詞：un / une / des → ne ...... pas de / d'
- 定冠詞：ne ..... pas le / la / les

1. Nous n'avons pas ..... chien.
2. Je n'étudie pas ..... italien.
3. Je n'ai pas ..... sœur.
4. Il n'aime pas ..... voitures italiennes.
5. Vous n'avez pas ..... amis français ?
6. Ce bâtiment n'est pas ..... entreprise.

UNITÉ 2

■ Exercice 4

適切な冠詞を入れて文を完成させましょう。

1. J'étudie dans ..... salle 26.
2. Regardez ..... tableau.
3. J'ai ..... grande télévision.
4. Voilà ..... quartier latin.
   C'est ..... beau quartier.
5. Il y a ..... chat. C'est ..... chat de Yuki.
6. Thomas est ..... ami de Laurent et Pauline.
7. Ils étudient dans ..... université parisienne.
8. Voilà ..... livre et ..... cahiers. ..... livre est rouge et ..... cahiers sont verts.

■ Exercice 5

適切な語を入れて表現を完成させましょう。du / de l' / des など前置詞 de と定冠詞の縮約やエリジョンに注意して下さい。

- de le / de la / de l' / de les → **du** / de la / de l' / **des**

1. Le tableau ..... salle de classe.
2. Les lunettes ..... professeur.
3. Les livres ..... étudiants.
4. Les clés ..... maison.
5. La secrétaire ..... directeur.
6. Les employés ..... entreprise.
7. La couleur ..... cheveux.
8. Le nom ..... étudiant.

■ Exercice 6

次の文中にある冠詞の間違いを直しましょう。

a. Paul est américain mais maintenant il étudie le français dans la petite école de langues à Toulouse, en France. Dans l'école, il y a des étudiants italiens, espagnols et allemands. Il y a aussi les étudiants japonais et chinois mais il n'y a pas de étudiants américains.

Les professeurs sont français et belges. Maintenant Paul est dans une salle 32.

Dans cette salle de classe, il y a des chaises, des tables, une télévision, un tableau et le bureau de le professeur. Sur les tables, il y a les affaires d'étudiants. Sur une table de Paul, il y a un livre de français, un gros dictionnaire, une trousse, un cahier et des feuilles. Dans la trousse, il y a des stylos rouges, noirs et bleus.

b. Ma femme et moi habitons à Paris dans le quartier Saint-Michel. C'est le très beau quartier. Il y a des vieux bâtiments et une grande université : c'est l'université de la Sorbonne. Nous habitons dans le appartement du père de ma femme. Ce n'est pas de grand appartement mais il est très joli. Nous n'avons pas d'enfants mais nous avons un chat. Maintenant, je travaille dans une grande entreprise du quartier très moderne : la Défense.

Auto-évaluation

AUTO-ÉVALUATION FINALE

2. 名詞と限定詞：b - 形容詞

■ Exercice 1-1

ce, cet, cette, ces の中から適切な指示形容詞を選んで入れ、文を完成させましょう。

1. .... jeune fille s'appelle Marie.
2. Qu'est-ce qu'il y a dans .... sac ?
3. .... enfant est mon fils.
4. .... chiens sont noirs et blancs.
5. Qui sont .... personnes ?
6. Je travaille dans .... bâtiment.
7. .... étudiant est japonais ?
8. Nous étudions dans .... école.

■ Exercice 1-2

前半の文中で使われた名詞が後半で繰り返されるので、適切な指示形容詞をつけましょう。

- ce, cet, cette, ces

1. J'habite dans un vieux quartier. Il y a une grande université dans .... quartier.
2. Nous avons une très belle voiture. Nous adorons .... voiture !
3. Dans la classe, il y a des étudiants et un homme. Qui est .... homme ?
4. Dans mon portefeuille, il y a des photos. Il y a mes parents sur .... photos.

■ Exercice 2

適切な所有形容詞を入れて文を完成させましょう。

- mon, ton, son, notre, votre, leur....

1. Madame, comment s'appellent .... mari et .... enfants ?
2. Tu as une petite fille ? Quel est .... prénom ?
3. .... frère et .... femme ont un fils et deux filles.
   .... fils a 11 ans et .... filles ont 13 et 15 ans.
4. .... sœurs et moi, nous habitons à Paris chez .... parents.
   Nous aimons beaucoup .... appartement mais il n'est pas très grand.
5. Tu habites à Nantes ? Où sont .... maison et .... entreprise ?

■ Exercice 3

適切な疑問形容詞を入れて文を完成し、その答えを書きましょう。

- quel / quelle / quels / quelles

1. .... est votre profession ?
2. .... est votre nationalité ?
3. .... âge avez-vous ?
4. Dans .... quartier habitez-vous ?
5. .... est la couleur de vos yeux ?
6. Vous parlez .... langues ?
7. .... sont vos goûts ?

3. 動詞

■ **Exercice 1-1**

être, avoir を入れて文を完成させましょう。

1. Vous .... français, Monsieur ?
2. Il .... un frère et une sœur.
3. Je ne .... pas de dictionnaire.
4. Nous .... une grande maison.
5. Mon frère et moi .... français mais nos parents .... canadiens.
6. Qu'est-ce que ce .... ?
7. Vous .... quel âge ?
8. Je .... un gros chien noir.
9. Claude ne .... pas une femme.
10. Mes grands-parents sont très vieux ; ils .... 89 et 92 ans.

■ **Exercice 1-2**

être を使った正しい文を作りましょう。定冠詞などの限定詞の有無で c'est / ce sont になるかを il (elle) est / ils (elles) sont になるかを判断して下さい。

1. .... une voiture italienne. .... noire et rouge.
2. Qui est-ce ? .... un jeune étudiant canadien.
3. Voilà Julie et Lisa. .... fonctionnaires. .... mes cousines.
4. .... vos stylos ? Non, ... les stylos du professeur.

■ **Exercice 2**

適切な動詞を入れて文を完成させましょう。複数の答えが可能です。

1. Où est-ce que vous .... ?
2. Je .... dans une grande entreprise américaine.
3. Nous .... à Paris, dans un très beau quartier.
4. Qu'est-ce que vous .... en France ?
5. Maintenant, Léa .... le japonais dans la salle 12.
   Elle .... le tableau et elle .... le professeur.

■ **Exercice 3**

次の文中で、動詞の活用が間違っているものを正しく直し、次に主語を 3 人称にして全文を書き直しましょう。

Tokyo, 1905.

Je m'appelle Natsume Soseki. Je suis un écrivain* japonais.

J'ai 38 ans. J'aimes les livres et la littérature anglaise.

Je parle japonais et anglais. Ma femme et moi habitont à Tokyo

avec* nos enfants. Je travaille dans une grande université :

l'université de Tokyo.

Je suis un chat mais il n'a pas de nom.

* un écrivain : 作家   * avec : と一緒に

Transcriptions

■ Unité 1 Leçon 0

Écoutez page 03
1. CD
2. ONU
3. JCB
4. MP3
5. USB
6. GPS
7. WWF
8. AOC
9. TVA
10. HTTP

Comptez page 05
a. 17
b. 2
c. 8
d. 10
e. 1
f. 12
g. 14
h. 5
i. 16
j. 4

■ Unité 1 Leçon 1

Exercice 3 page 08
1. Bonjour, je m'appelle François. Je suis canadien. Je suis retraité.
2. Bonjour, je m'appelle Claire. Je suis américaine. Je suis fonctionnaire.
3. Bonjour, je m'appelle Maude. Je suis française. Je suis femme au foyer.
4. Bonjour, je m'appelle Takeshi. Je suis japonais. Je suis étudiant.

Écoutez page 09
Écoute 1
1. Vous êtes française ?
2. Vous êtes chinois ?
3. Vous êtes coréenne ?
4. Vous êtes étudiant ?
5. Vous êtes fonctionnaire, Monsieur ?

Écoute 2
1. américaine
2. italien
3. américain
4. coréen
5. italienne

Dictée
a. Bonjour, je m'appelle Yuki.
b. Vous êtes français, Monsieur ?
c. Je suis employé de bureau.
d. Vous êtes chinoise ?

■ Unité 1 Leçon 2

Écoutez page 13
Écoute 1
1. J'étudie à Paris mais je suis anglais.
2. J'habite à Lyon mais je suis de Tokyo.
3. Je suis italien et j'étudie l'espagnol.
4. J'habite à Marseille mais je suis de Paris.
5. Je suis chinois mais j'habite à Tokyo.
6. Je suis étudiant et j'étudie l'allemand.

Écoute 2
1. Je suis de Lyon.
2. J'étudie le français.
3. J'habite à Paris.
4. J'étudie le japonais.
5. Vous étudiez l'anglais ?

Dictée
a. Je suis française mais j'habite à Tokyo.
b. J'étudie l'italien et la mode à Paris.
c. Vous êtes japonaise, Mademoiselle ?
d. Je suis employée de bureau à Lyon.

■ Unité 1 Leçon 3

Écoutez page 17
Écoute 1
1. Où est-ce que vous étudiez ?
2. Vous habitez en France ?
3. Qu'est-ce que vous aimez ?
4. Où est-ce que vous travaillez ?
5. Vous parlez japonais ?
6. Vous êtes chinois ?

Écoute 2
1. aimez
2. travaille
3. étudie
4. parlez
5. habitez

Dictée
a. Je suis anglais mais je n'habite pas en Angleterre.
b. Vous étudiez l'anglais aux États-Unis ?
c. Je travaille et j'étudie le chinois en Chine.
d. J'aime le Japon mais je ne parle pas bien japonais.

■ Unité 1 Leçon 4

Écoutez page 21
Écoute 1
1. Vous étudiez la mode italienne ?
2. Vous êtes française, Madame ?
3. J'ai des chats japonais.
4. J'aime le cinéma anglais.
5. Vous aimez les voitures allemandes ?
6. C'est une voiture américaine.
7. Je déteste la cuisine espagnole.
8. J'aime la culture japonaise.
9. Ce sont des motos italiennes.
10. Je suis suisse.

Écoute 2
1. Je n'aime pas le cinéma.
2. J'aime les langues.
3. Je n'ai pas de voiture.
4. J'ai des chats.
5. Je ne travaille pas.

Dictée

a. J'aime la musique et surtout la musique américaine.
b. Vous étudiez la littérature classique ?
c. Je n'ai pas de voiture mais j'adore les voitures italiennes.
d. J'ai deux chiens mais je n'ai pas de chat.

■ Unité 1 Leçon 5

Dialogue 1 *page 22*

M. Boudu	– Bonjour, je m'appelle Maurice Boudu. Et vous ?
Kim An Li	– Moi, c'est Kim An Li.
M. Boudu	– Kim An Li ?
Kim An Li	– Oui. Mon nom, c'est Kim et mon prénom, c'est An Li.
M. Boudu	– Ça s'écrit comment ?
Kim An Li	– Kim, ça s'écrit K-I-M et An Li, ça s'écrit A-N-L-I.
M. Boudu	– Vous êtes chinoise ?
Kim An Li	– Non, je suis coréenne.
M. Boudu	– Vous êtes étudiante ?
Kim An Li	– Non, je ne suis pas étudiante. Je suis professeur. Et vous ?
M. Boudu	– Ah, moi aussi.
Kim An Li	– Enchantée.
M. Boudu	– Enchanté.

Dialogue 2 *page 22*

Marc	– Bonjour Mesdemoiselles. Vous êtes françaises ?
Elsa	– Oui, je suis française.
Lise	– Moi, je suis américaine.
Marc	– Et qu'est-ce que vous étudiez ?
Lise	– J'étudie la littérature anglaise.
Elsa	– Moi, j'étudie la culture japonaise.
Marc	– Ah, vous parlez japonais ?
Elsa	– Oui, je parle un peu mais j'étudie surtout l'histoire et la littérature japonaise.
Marc	– Et où est-ce que vous étudiez ?
Elsa	– J'étudie à Paris.
Lise	– Moi aussi, j'étudie à Paris.
Marc	– Ah, et vous habitez à Paris ?
Elsa	– Non.
Lise	– Moi non plus. J'habite à Versailles.

■ Unité 1 Auto-évaluation 1

Dialogue 3 *page 25*

Rebecca	– Salut. Tu es français ?
Marc	– Oui, je suis français. Et toi ?
Rebecca	– Moi, je suis anglaise.
Marc	– Et tu habites à Paris ?
Rebecca	– Oui, j'habite à Paris, à Montmartre.
Marc	– Moi, j'habite à Versailles. Tu parles bien français !
Rebecca	– Merci. J'étudie beaucoup. J'adore le français.
Marc	– Et tu aimes aussi la France ?
Rebecca	– Oui, j'adore la France et surtout la cuisine française.
Marc	– Moi, j'adore le sport. Tu aimes le sport ?
Rebecca	– Ah non ! Je déteste le sport.
Marc	– Ah bon, et tu travailles ?
Rebecca	– Non, je suis étudiante. Et toi ?
Marc	– Je ne travaille pas non plus. Moi aussi, je suis étudiant.

■ Unité 2 Leçon 6

Écoutez *page 29*
Écoute 1
1. Ce sont tes amis français ?
2. Sa sœur s'appelle comment ?
3. Mon amie n'est pas étudiante.
4. Est-ce que c'est ton père ?
5. Ces filles étudient la mode.

Écoute 2
1. Ce sont ses parents ?
2. C'est son grand frère ?
3. Ses amis sont français.
4. Qui sont ces gens ?
5. C'est sa mère.

Dictée
a. Ma mère est japonaise, mais mon père, lui, est français.
b. Je n'ai pas de fils mais j'ai deux filles. Elles ont 17 ans et 24 ans.
c. Cet homme, c'est mon père et ces femmes, ce sont ses sœurs.
d. Tu as des enfants ? Quel âge ont-ils ?

■ Unité 2 Leçon 7

Écoutez *page 33*
Écoute 1
1. Votre mari s'appelle comment ?
2. Leur fils et sa femme habitent au Japon.
3. Ce sont les collègues de ma femme.
4. Notre fille étudie la peinture.
5. J'ai des amis à Paris.
6. Quel âge ont tes grands-parents ?
7. C'est son directeur ?
8. Ces jeunes gens travaillent dans cette entreprise.
9. Qu'est-ce qu'ils font dans la vie ?
10. Où est-ce que votre famille habite ?

Écoute 2
1. Vous avez sept enfants ?
2. Cet homme, c'est mon mari.
3. C'est une école de langues.
4. Le fils de mon frère a 7 ans.
5. Nous étudions dans cette université.

Dictée
a. Qu'est-ce que les parents de votre femme font dans la vie ?
b. Ma tante a un petit appartement à Paris et j'habite chez elle.
c. Mes cousins ne travaillent pas dans l'entreprise de leur père.
d. La fille de tes amis étudie la littérature dans cette université ?

■ Unité 2 Leçon 8

Écoutez *page 37*
Écoute 1
1. Mon père est très blond mais son frère est brun.
2. Je suis brune et grande, et mes yeux sont bleus.
3. Ma sœur est très mince mais elle n'est pas grande.
4. Nos parents sont jeunes ! Ils ont 48 et 51 ans.
5. Mon frère et moi sommes bruns et nous avons les yeux verts, mais lui, il ne porte pas de lunettes.
6. Mon père a 76 ans et il a les cheveux blancs.

Écoute 2
1. Vous étudiez dans quelle université française ?
2. Quels sont les beaux quartiers parisiens ?
3. Quelle est la couleur de ses cheveux ?
4. Quel est le prénom de votre mari, Madame ?
5. Vous parlez quelles langues ? Français, anglais et... ?

Dictée
a. Notre fille est belle. Elle est grande, châtaine et elle a les yeux verts.
b. Je porte toujours des vêtements classiques et des lunettes.
c. Mes cousins sont blonds mais leurs parents sont bruns.
d. Les parents de mon mari sont vieux mais ils n'ont pas les cheveux blancs.

■ Unité 2 Leçon 9

Écoutez *page 41*
Écoute 1
1. Qui est-ce ?
2. Qu'est-ce que c'est ?
3. Qu'est-ce qu'il a dans son petit sac ?
4. Qui est-ce qu'il y a sur la photo ?
5. Qui est cet homme ?
6. Qu'est-ce qu'il y a dans votre portefeuille ?

Écoute 2
1. Qu'est-ce qu'il a dans son sac ?
2. Il a un cours maintenant.
3. Sur la table, il y a des feuilles et des stylos.
4. Qu'est-ce qu'il y a sur son bureau ?
5. Est-ce qu'il a une carte d'étudiant dans son sac ?

Dictée
a. Dans ce quartier, il y a la Sorbonne. C'est une grande université parisienne.
b. Sur la table, il y a des livres, un gros dictionnaire et des stylos noirs et rouges.
c. Qu'est-ce qu'il y a sur les photos dans ton portefeuille ?
d. Dans mon cours de français à l'université, il y a des étudiants japonais.

■ Unité 2 Leçon 10

Dialogue 1 *page 42*

Yuki	– Qu'est-ce que c'est, Laurent ? Une photo ?
Laurent	– Oui, c'est une photo de ma famille. Regarde.
Yuki	– Oh, il est très grand, lui ! C'est ton père ?
Laurent	– Non, c'est mon oncle Philippe. Mon père n'est pas très grand et il a les cheveux blonds.
Yuki	– Ah ! C'est lui ton père ?
Laurent	– Non, lui, c'est mon cousin Marc. Mon père a des lunettes. Il est là.
Yuki	– Ah ! Ce n'est pas toi ?
Laurent	– Non, je ne suis pas sur la photo.
Yuki	– Il s'appelle comment ton père ?
Laurent	– Jean-Luc.
Yuki	– Et qui est cette belle femme ? C'est ta mère ?
Laurent	– Non, ma mère est grande et brune. Elle, c'est ma tante Louise.
Yuki	– Ah ! Ta mère est là ?
Laurent	– Oui. Et là, c'est Pauline.
Yuki	– C'est Pauline ? Elle est jeune !
Laurent	– Oui, sur cette photo, elle a 13 ans.

Dialogue 2 *page 42*

Rebecca	– Pardon Monsieur. Je cherche mon sac.
Appariteur	– Bonjour Mademoiselle. Oui, il est comment ?
Rebecca	– C'est un grand sac vert.
Appariteur	– Oui, qu'est-ce qu'il y a dans ce sac ?
Rebecca	– Euh…Il y a mes affaires de cours : des livres, un petit dictionnaire, un cahier, une trousse et un agenda. Il y a aussi mon portefeuille et mes clés.
Appariteur	– Quelle est la couleur du portefeuille ?
Rebecca	– Il est noir et rose.
Appariteur	– Et les livres et le cahier ?
Rebecca	– Les livres sont rouges et jaunes, et le cahier est bleu. La trousse est noire et rose.
Appariteur	– Qu'est-ce qu'il y a dans le portefeuille ?
Rebecca	– Il y a des cartes de crédit, des photos de ma famille, et ma carte d'étudiant.
Appariteur	– Bien. Quel est votre nom ?
Rebecca	– Je m'appelle Bouvier.
Appariteur	– Et votre prénom ?
Rebecca	– Rebecca.
Appariteur	– Un instant, s'il vous plaît. Je cherche.
	…
Appariteur	– C'est ce sac ?
Rebecca	– Oui, c'est mon sac ! Merci beaucoup !
Appariteur	– Je vous en prie. Bonne journée Mademoiselle.
Rebecca	– Au revoir Monsieur.

■ Unité 2 Auto-évaluation 2

Dialogue 3 *page 45*

Personne 1 – Qui est cet homme ?
Personne 2 – C'est Thomas. Il est français.
  Il habite à Paris chez ses parents dans leur grand appartement.
  Il n'a pas de sœur mais il a deux frères.
  Ils s'appellent Yvan et Jacques.
Personne 1 – Il habite dans quel quartier à Paris ?
Personne 2 – L'appartement de ses parents est dans le Quartier Latin.
  C'est un vieux quartier parisien.
Personne 1 – Qu'est-ce qu'il fait comme travail ?
Personne 2 – Il travaille dans une banque.
Personne 1 – Dans quelle banque est-ce qu'il travaille ?
Personne 2 – Sa banque s'appelle la BNP.
  C'est une grande banque française.
Personne 1 – Quels sont ses goûts ?
Personne 2 – Il adore les voitures et les motos.
  Il a une belle moto mais il n'a pas de voiture.
Personne 1 – Qui sont ces jeunes gens ?
Personne 2 – Ce sont les amis de Thomas.
  Il y a Jean-Benoit, Laurent et Pauline.
Personne 1 – Et cette jeune femme brune, qui est-ce ?
Personne 2 – Elle, c'est Yuki, une amie japonaise.

Corrigés

■ Unité 1 Auto-évaluation 1

page 24
Test 1
1. français 2. italiennes 3. américaine 4. japonais 5. allemande 6. coréenne

Test 2
1. étudiez 2. travaille, suis 3. J'aime, n'ai 4. es 5. suis, j'habite 6. parlez

Test 3
1. Bonjour ! Je m'appelle Yuko. Je suis japonaise et j'adore la culture française. Je suis de Tokyo, mais j'habite en France. J'étudie la cuisine à Paris mais je ne parle pas très bien français. Enchantée.
2. Bonsoir ! Moi, c'est Arnaud. Je suis français mais j'habite en Italie. Je suis employé de bureau et je travaille à Rome. Je parle français, italien et espagnol. J'adore les voitures italiennes mais je n'ai pas de voiture. Enchanté.

Test 4
1. J'aime les motos japonaises mais je n'ai pas de moto.
2. J'étudie le cinéma à Paris mais je ne parle pas bien français.

■ Unité 1 Auto-évaluation 2

page 44
Test 1
1. blond, bleus 2. brune, noirs 3. vieux, gris 4. blonde, belle 5. châtain, marron 6. petites, minces

Test 2
1. écoute, regarde 2. porte 3. aime / étudie 4. s'appelle 5. travaillent 6. est, sont

Test 3
1. Je m'appelle Yuki. J'ai deux frères. Ils s'appellent Shun et Sasuke. Ils ont 18 et 23 ans. Shun est étudiant et Sasuke est professeur de sport. Ils sont bruns et ils ont les yeux noirs. Moi aussi, j'ai les yeux noirs et mes cheveux sont bruns. Je suis petite et mince.
2. Je m'appelle Laurent. J'ai une sœur, elle s'appelle Pauline. Nous habitons à Paris. Pauline a 19 ans et moi, j'ai 23 ans. Je suis grand, j'ai les yeux bleus et je suis blond. Pauline est blonde aussi et ses yeux sont verts.

Test 4
1. Madame Saito travaille dans l'entreprise de son mari et c'est sa secrétaire.
2. Yuki étudie le français dans la salle C72 de l'université.

■ Auto-évaluation finale

1. 名詞と限定詞：a – 冠詞 *page 46*
Exercice 1-1
1. la 2. un 3. un 4. un / des 5. une 6. l' 7. la 8. un 9. une 10. une / l' 11. un 12. une

Exercice 1-2
1. des 2. des 3. de 4. des 5. de 6. de

Exercice 2
1. les enfants 2. le 3. les voitures 4. l' 5. la, les livres 6. l' 7. les 8. les voyages

Exercice 3
1. de 2. l' 3. de 4. les 5. d' 6. une

Exercice 4
1. la 2. le 3. une 4. le, un 5. un, le 6. un 7. une 8. un, des, le, les

Exercice 5
1. de la 2. du 3. des 4. de la 5. du 6. de l' 7. des 8. de l'

Exercice 6

a. Paul est américain mais maintenant il étudie le français dans <u>une</u> petite école de langues à Toulouse, en France. Dans l'école, il y a des étudiants italiens, espagnols et allemands. Il y a aussi <u>des</u> étudiants japonais et chinois mais il n'y a pas <u>d'</u>étudiants américains. Les professeurs sont français et belges.

Maintenant Paul est dans <u>la</u> salle 32. Dans cette salle de classe, il y a des chaises, des tables, une télévision, un tableau et le bureau <u>du</u> professeur. Sur les tables, il y a les affaires <u>des</u> étudiants. Sur <u>la</u> table de Paul, il y a un livre de français, un gros dictionnaire, une trousse, un cahier et des feuilles. Dans la trousse, il y a des stylos rouges, noirs et bleus.

b. Ma femme et moi habitons à Paris dans le quartier Saint-Michel. C'est <u>un</u> très beau quartier. Il y a <u>de</u> vieux bâtiments et une grande université : c'est l'université de la Sorbonne. Nous habitons dans <u>l'</u>appartement du père de ma femme. Ce n'est pas <u>un</u> grand appartement mais il est très joli. Nous n'avons pas d'enfants mais nous avons un chat. Maintenant, je travaille dans une grande entreprise <u>d'un</u> quartier très moderne : La Défense.

2. 名詞と限定詞：a – 形容詞 *page 48*

Exercice 1-1
1. cette   2. ce   3. Cet   4. Ces   5. ces   6. ce   7. Cet   8. cette

Exercice 1-2
1. ce   2. cette   3. cet   4. ces

Exercice 2
1. votre, vos   2. son   3. Mon, sa, leur, leurs   4. Mes, nos, notre   5. ta, ton

Exercice 3
1. Quelle – Je suis ...   2. Quelle – Je suis ...   3. Quel – J'ai ... ans.   4. quel – J'habite à ... / dans le quartier ...
5. Quelle – J'ai les yeux ... / Mes yeux sont ...   6. quelles – Je parle le / l' ...   7. Quels – J'aime le / la / les ...

3. 動詞 *page 49*

Exercice 1-1
1. êtes   2. a   3. n'ai   4. avons   5. sommes, sont   6. c'est   7. avez   8. J'ai   9. n'est   10. ont

Exercice 1-2
1. C'est, Elle est   2. C'est   3. Elles sont, Ce sont   4. Ce sont, ce sont

Exercice 2
1. habitez / étudiez / travaillez   2. travaille   3. habitons / travaillons / étudions
4. faites / étudiez   5. étudie   6. regarde, écoute

Exercice 3
Je m'appelle Natsume Soseki. Je suis un écrivain japonais. J'ai 38 ans. J'aime les livres et la littérature anglaise. Je parle japonais et anglais. Ma femme et moi habit<u>ons</u> à Tokyo avec nos enfants. Je travaille dans une grande université : l'université de Tokyo. <u>J'ai</u> un chat mais il n'a pas de nom.

Il s'appelle Natsume Soseki. <u>C'est</u> un écrivain japonais. <u>Il a</u> 38 ans. <u>Il aime</u> les livres et la littérature anglaise. <u>Il parle</u> japonais et anglais. <u>Sa</u> femme et <u>lui</u> <u>habitent</u> à Tokyo avec <u>leurs</u> enfants. <u>Il travaille</u> dans une grande université : l'université de Tokyo. <u>Il a</u> un chat mais il n'a pas de nom.

Glossaire 用語解説

adv. : adverbe 副詞　　**adj.** : adjectif 形容詞　　**dét.** : déterminant 限定詞　　**interj.** : interjection 間投詞　　**loc.** : locution 慣用句　　**n.m.** : nom masculin 男性名詞　　**n.f.** : nom féminin 女性名詞　　**n.pr.** : nom propre 固有名詞　　**prép.** : préposition 前置詞　　**pron.** : pronom 代名詞　　**v.** : verbe 動詞

Mot / Expression	Nature	Unité	Page
à bientôt	loc.	U1 L0	p. 02
adorer	v.	U1 L3	p. 15
à la semaine prochaine	loc.	U1 L0	p. 02
affaires	n.f.pl.	U2 L9	p. 40
agenda	n.m.	U2 L9	p. 40
aimer	v.	U1 L3	p. 14
Allemagne	n.pr.f.	U1 L3	p. 16
allemand(e)	adj.	U1 L3	p. 16
allemand	n.m.	U1 L2	p. 12
américain(e)	adj.	U1 L1	p. 08
ami(e)	n.m.(f.)	U2 L6	p. 28
anglais(e)	adj.	U1 L3	p. 16
anglais	n.m.	U1 L2	p. 12
Angleterre	n.pr.f.	U1 L3	p. 16
apparence	n.f.	U2 L8	p. 36
appartement	n.m.	U2 L7	p. 32
appeler (s')	v.	U2 L6	p. 26
art	n.m.	U1 L2	p. 12
au revoir	loc.	U1 L0	p. 02
avec	prép.	Auto-éval.F.	p. 49
avoir	v.	U1 L4	p. 18
banque	n.f.	U2 L7	p. 32
Barcelone	n.pr.	U1 L2	p. 13
bâtiment	n.m.	U2 L7	p. 32
beau(x) / bel / belle	adj.	U2 L8	p. 36
beaucoup	adv.	U1 L4	p. 20
belge	adj.	U1 L3	p. 16
Belgique	n.pr.f.	U1 L3	p. 16
bien	adv.	U1 L3	p. 16
blanc(he)	adj.	U2 L8	p. 36
bleu(e)	adj.	U2 L8	p. 36
blond(e)	adj.	U2 L8	p. 36
bonjour	n.m.	U1 L0	p. 02
bonsoir	n.m.	U1 L0	p. 02
Bordeaux	n.pr.	U1 L2	p. 13
brun(e)	adj.	U2 L8	p. 36
bureau	n.m.	U2 L9	p. 40
cahier	n.m.	U2 L9	p. 40
Canada	n.pr.m.	U1 L3	p. 16
canadien(ne)	adj.	U1 L1	p. 08
carte d'étudiant	n.f.	U2 L9	p. 40
carte d'identité	n.f.	U2 L9	p. 40
carte de crédit	n.f.	U2 L9	p. 40
chaise	n.f.	U2 L9	p. 40
chat	n.m.	U1 L4	p. 20
châtain(e)	adj.	U2 L8	p. 36
chercher	v.	Auto-éval. 2	p. 42
cheveux	n.m.pl.	U2 L8	p. 36
chez	prép.	U2 L7	p. 32
chien	n.m.	U1 L4	p. 20
Chine	n.pr.f.	U1 L3	p. 16
chinois(e)	adj.	U1 L1	p. 08
chinois	n.m.	U1 L2	p. 12
cinéma	n.m.	U1 L4	p. 20
cinq	adj./dét./pron.	U1 L0	p. 05
cinquante	adj./dét./pron.	U2 L7	p. 30
classe	n.f.	U2 L9	p. 40
classique	adj.	U1 L4	p. 20
clé	n.f.	U2 L9	p. 40
collègue	n.m./f.	U2 L6	p. 28
comment	adv.	U2 L6	p. 26
Corée	n.pr.f.	U1 L3	p. 16
coréen(ne)	adj.	U1 L1	p. 08
coréen	n.m.	U1 L2	p. 12
couleur	n.f.	U2 L8	p. 36
cours	n.m.	U2 L7	p. 32
cousin(e)	n.m.(f.)	U2 L7	p. 32
cuisine	n.f.	U1 L2	p. 12
culture	n.f.	U1 L4	p. 20
dans	prép.	U2 L7	p. 32
danse	n.f.	U1 L4	p. 20
détester	v.	U1 L3	p. 15
deux	adj./dét./pron.	U1 L0	p. 05
dictionnaire (électronique)	n.m.	U2 L9	p. 40
directeur / directrice	n.m. / f.	U2 L7	p. 32
dix	adj./dét./pron.	U1 L0	p. 05
dix-sept	adj./dét./pron.	U1 L0	p. 05
dix-huit	adj./dét./pron.	U1 L0	p. 05
dix-neuf	adj./dét./pron.	U1 L0	p. 05
douze	adj./dét./pron.	U1 L0	p. 05
école (de langues)	n.f.	U2 L7	p. 32
écouter	v.	U2 L9	p. 38
écrivain	n.m.	Auto-éval. F.	p. 49
elle(s)	pron.	U1 L1/ U2 L6	p. 06
employé(e) de banque	n.m.(f.)	U1 L1	p. 08
employé(e) de bureau	n.m.(f.)	U1 L1	p. 08
enchanté(e)	adj.	U1 L1	p. 08
encore une fois	loc.	U1 L0	p. 04

Glossaire 用語解説

adv. : adverbe 副詞　　**adj.** : adjectif 形容詞　　**dét.** : déterminant 限定詞　　**interj.** : interjection 間投詞　　**loc.** : locution 慣用句　　**n.m.** : nom masculin 男性名詞　　**n.f.** : nom féminin 女性名詞　　**n.pr.** : nom propre 固有名詞　　**prép.** : préposition 前置詞　　**pron.** : pronom 代名詞　　**v.** : verbe 動詞

Mot / Expression	Nature	Unité	Page	Mot / Expression	Nature	Unité	Page
enfant	n.m.	U2 L6	p. 28	je / j'	pron.	U1 L1	p. 06
entreprise	n.f.	U2 L7	p. 32	jeune	adj.	U2 L8	p. 36
Espagne	n.pr.f.	U1 L3	p. 16	jeune femme	n.f.	U2 L6	p. 28
espagnol(e)	adj.	U1 L3	p. 16	jeune homme	n.m.	U2 L6	p. 28
espagnol	n.m.	U1 L2	p. 12	langues	n.f.pl.	U1 L2	p. 12
et	conj.	U1 L2	p. 12	lecture	n.f.	U1 L4	p. 20
États-Unis	n.pr.m.pl.	U1 L3	p. 16	lieu	n.m.	U2 L7	p. 32
être	v.	U1 L1	p. 06	littérature	n.f.	U1 L2	p. 12
étudiant(e)	n.m.(f.)	U1 L1	p. 08	livre	n.m.	U2 L9	p. 40
étudier	v.	U1 L3	p. 10	Londres	n.pr.	U1 L2	p. 13
eux	pron.	U2 L6	p. 26	lui	pron.	U2 L6	p. 26
excusez-moi	loc.	U1 L0	p. 04	lunettes	n.f.pl.	U2 L8	p. 36
faire	v.	U2 L7	p. 30	Lyon	n.pr.	U1 L2	p. 13
famille	n.f.	U2 L6	p. 28	madame	n.f.	U1 L0	p. 02
femme	n.f.	U2 L6	p. 28	mademoiselle	n.f.	U1 L0	p. 02
femme au foyer	n.f.	U1 L1	p. 08	maintenant	adv.	U1 L3	p. 16
fille	n.f.	U2 L6	p. 28	mais	conj.	U1 L2	p. 12
fils	n.m.	U2 L6	p. 28	maison	n.f.	U2 L7	p. 32
fonctionnaire	n.m./f.	U1 L1	p. 08	mari	n.m.	U2 L7	p. 32
français(e)	adj.	U1 L1	p. 08	marron	adj.	U2 L8	p. 36
français	n.m.	U1 L2	p. 12	Marseille	n.pr.	U1 L2	p. 13
France	n.pr.f.	U1 L3	p. 16	merci	interj.	U1 L0	p. 02
frère	n.m.	U2 L6	p. 28	mère	n.f.	U2 L6	p. 28
garçon	n.m.	U2 L6	p. 28	mince	adj.	U2 L8	p. 36
gens	n.m.pl	U2 L6	p. 28	mode	n.f.	U1 L2	p. 12
goûts	n.m.pl	U2 L8	p. 37	moderne	adj.	U1 L4	p. 20
grand(e)	adj.	U2 L8	p. 36	moi	pron.	U2 L6	p. 26
grand-mère	n.f.	U2 L6	p. 28	monsieur	n.m.	U1 L0	p. 02
grands-parents	n.m.pl.	U2 L6	p. 28	moto	n.f.	U1 L4	p. 20
grand-père	n.m.	U2 L6	p. 28	musique	n.f.	U1 L4	p. 20
gris(e)	adj.	U2 L8	p. 36	nationalité	n.f.	U1 L1	p. 05
gros(se)	adj.	U2 L8	p. 36	neuf	adj./dét./pron.	U1 L0	p. 05
habiter	v.	U1 L3	p. 13	New York	n.pr.	U1 L2	p. 13
histoire	n.f.	U1 L2	p. 12	noir(e)	adj.	U2 L8	p. 36
homme	n.m.	U2 L6	p. 28	nom	n.m.	U1 L0	p. 02
huit	adj./dét./pron.	U1 L0	p. 05	nous	pron.	U1 L1/ U2 L6	p. 06
il(s)	pron.	U1 L1	p. 06	oncle	n.m.	U2 L7	p. 32
Italie	n.pr.f.	U1 L3	p. 16	onze	adj./dét./pron.	U1 L0	p. 05
italien(ne)	adj.	U1 L3	p. 16	pardon	interj.	U1 L0	p. 04
italien	n.m.	U1 L2	p. 12	parents	n.m.pl.	U2 L6	p. 28
Japon	n.pr.m.	U1 L3	p. 16	Paris	n.pr.	U1 L2	p. 13
japonais(e)	adj.	U1 L1	p. 08	parisien(ne)	adj.	U1 L3	p. 16
japonais	n.m.	U1 L2	p. 12	parler	v.	U1 L3	p. 14
jaune	adj.	U2 L9	見返し	patron(ne)	n.m.(f.)	U2 L6	p. 28

Glossaire

Glossaire 用語解説

adv. : adverbe 副詞　　**adj.** : adjectif 形容詞　　**dét.** : déterminant 限定詞　　**interj.** : interjection 間投詞　　**loc.** : locution 慣用句　　**n.m.** : nom masculin 男性名詞　　**n.f.** : nom féminin 女性名詞　　**n.pr.** : nom propre 固有名詞　　**prép.** : préposition 前置詞　　**pron.** : pronom 代名詞　　**v.** : verbe 動詞

Mot / Expression	Nature	Unité	Page
pays	n.m.	U1 L3	p. 16
peinture	n.f.	U1 L4	p. 20
Pékin	n.pr.	U1 L2	p. 13
père	n.m.	U2 L6	p. 28
personne	n.f.	U2 L6	p. 28
petit(e)	adj.	U2 L8	p. 36
petit(e) ami(e)	n.m.(f.)	U2 L6	p. 28
peut-être	adv.	U2 L8	p. 36
photo	n.f.	U2 L9	p. 40
portefeuille	n.m.	U2 L9	p. 40
porter	v.	U2 L8	p. 34
prénom	n.m.	U1 L0	p. 02
professeur	n.m.	U1 L1	p. 08
profession	n.f.	U1 L1	p. 08
quartier	n.m.	U2 L7	p. 32
quatorze	adj./dét./pron.	U1 L0	p. 05
quarante	adj./dét./pron.	U2 L7	p. 30
quatre	adj./dét./pron.	U1 L0	p. 05
quinze	adj./dét./pron.	U1 L0	p. 05
regarder	v.	U2 L9	p. 38
relations	n.f.pl.	U2 L6	p. 28
retraité(e)	n.m.(f.)	U1 L1	p. 08
Rome	n.pr.	U1 L2	p. 13
rouge	adj.	U2 L9	見返し
sac	n.m.	U2 L9	p. 40
salle (de classe)	n.f.	U2 L7	p. 32
secrétaire	n.m./f.	U2 L7	p. 32
seize	adj./dét./pron.	U1 L0	p. 05
sept	adj./dét./pron.	U1 L0	p. 05
s'il vous plaît	adv.	U1 L0	p. 04
six	adj./dét./pron.	U1 L0	p. 05
sœur	n.f.	U2 L6	p. 28
soixante	adj./dét./pron.	U2 L7	p. 30
spécialité	n.f.	U1 L2	p. 12
sport	n.m.	U1 L4	p. 20

Mot / Expression	Nature	Unité	Page
stylo	n.m.	U2 L9	p. 40
Suisse	n.pr.f.	U1 L3	p. 16
suisse	adj.	U1 L3	p. 16
sur	prép.	U2 L9	p. 38
surtout	adv.	U1 L4	p. 20
table	n.f.	U2 L9	p. 40
tableau	n.m.	U2 L9	p. 40
tante	n.f.	U2 L7	p. 32
téléphone portable	n.m.	U2 L9	p. 40
télévision	n.f.	U2 L9	p. 40
toi	pron.	U2 L6	p. 26
toujours	adv.	U2 L8	p. 36
travailler	v.	U1 L3	p. 14
treize	adj./dét./pron.	U1 L0	p. 05
trente	adj./dét./pron.	U2 L7	p. 30
très	adv.	U2 L8	p. 36
très bien	adv.	U1 L0	p. 03
trois	adj./dét./pron.	U1 L0	p. 05
trousse	n.f.	U2 L9	p. 40
tu	pron.	U1 L1	p. 06
un(e)	art./dét./pron.	U1 L0	p. 05
un peu	adv.	U1 L3	p. 16
université	n.f.	U2 L7	p. 32
vert(e)	adj.	U2 L8	p. 36
vêtements	n.m.pl.	U2 L8	p. 36
vieux (vieil) / vieille	adj.	U2 L8	p. 36
vingt	adj./dét./pron.	U1 L0	p. 05
violet	adj.	U2 L9	見返し
voilà	loc.	U2 L7	p. 30
voiture	n.f.	U1 L4	p. 20
vous	pron.	U1 L1/ U2 L6	p. 06
voyage	n.m.	U1 L4	p. 20
yeux	n.m.pl.	U2 L8	p. 36
zéro	adj./dét./pron.	U1 L0	p. 05

Athénée français

アン・フランセ
En français !
Débutant

著 者

©

MIALOU Gérald
PERROUIN Frédéric
SHIMAZAKI Takanori

著者承認検印廃止

2013年 4月 1日 初版発行
2014年 4月20日 2版発行
2022年 1月20日 2版3刷発行

定価本体 3,500 円（税別）

発行者　山 崎 雅 昭
印刷所　音羽印刷株式会社
製本所　有限会社壺屋製本所

発行所　早美出版社
東京都青梅市日向和田2-379番地
郵便番号198-0046
TEL. 0428(27) 0995 FAX. 0428(27)3870
振替　東京 00160-3-100140

ISBN978-4-86042-075-8 C3085 ¥3500E
http://www.sobi-shuppansha.com